# CHAMADOS A VIVER

Conheça
nossos clubes

Conheça
nosso site

@editoraquadrante
@editoraquadrante
@quadranteeditora
Quadrante

Título original
*Appelés à la vie*

Copyright © 2009 Éditions des Béatitudes S.O.C., França, 1991

Capa
Gabriela Haeitmann

---

**Dados Internacionais de Catalogação na Publicação (CIP)**

Philippe, Jacques
Chamados a viver / Jacques Philippe – 4ª ed. – São Paulo:
Quadrante Editora, 2024.

ISBN: 978-85-7465-677-9

1. Deus - Amor 2. Espiritualidade 3. Vida cristã - Igreja Católica I. Título

CDD–248.4

---

Índices para catálogo sistemático:
1. Poder de Deus : Vida cristã : Cristianismo 248.4

Todos os direitos reservados a
QUADRANTE EDITORA
Rua Bernardo da Veiga, 47 - Tel.: 3873-2270
CEP 01252-020 - São Paulo - SP
www.quadrante.com.br / atendimento@quadrante.com.br

JACQUES PHILIPPE

# CHAMADOS A VIVER

4ª edição

Tradução
Emérico da Gama

# SUMÁRIO

INTRODUÇÃO 9

O HOMEM, UM SER ESSENCIALMENTE CHAMADO 15

A VOCAÇÃO DE CRIATURA 31

A PALAVRA DE DEUS E O SEU PODER DE
INTERPELAÇÃO 43

OS ACONTECIMENTOS DA VIDA 79

OBEDIÊNCIA AOS HOMENS E AO
ESPÍRITO SANTO 123

CONCLUSÃO 141

ANEXO - CONSELHOS PRÁTICOS
PARA A *LECTIO DIVINA* 149

*À minha família.*

*Aos meus irmãos e irmãs*
*da Communauté des Béatitudes.*

*O meu agradecimento a todas as pessoas*
*cujas observações ou estímulo*
*me foram preciosos ao longo da redação destas*
*páginas, em especial a:*
*Xavier Lacroix, Jean-Claude Sagne,*
*Ir. Déborah, Ir. Catherine de Sienne,*
*Ir. Marie Pie, Ir. Marie Noel.*

# INTRODUÇÃO

Como conceber a vida? Como alcançar a felicidade? Como chegar a ser homem ou mulher em plenitude?

São perguntas que se têm feito desde sempre, ainda mais nos dias de hoje, num mundo que já não oferece muitos pontos de referência, no qual ninguém aceita soluções prefabricadas e todos parecem encontrar a resposta em si mesmos.

Na prática, a maioria dos nossos contemporâneos, alérgicos a qualquer norma imposta de fora, procuram tirar o melhor partido da vida presente e construir uma felicidade à sua maneira, em função da imagem que dela fazem. Imagem que procede da educação, da cultura e da experiência de cada qual, mas que está também fortemente modelada — conscientemente ou não — pela cultura do meio ambiente e pelas mensagens dos meios de comunicação. A frágil felicidade que assim tentam edificar não resiste, em geral, à prova da doença, dos fracassos, das separações, dos diversos dramas que afligem qualquer existência humana. A vida não parece cumprir todas as promessas que oferece na juventude.

No entanto, penso que a vida é uma maravilhosa aventura. Apesar do fardo de sofrimentos e decepções que por vezes apresenta, podemos encontrar nela o modo de crescer em humanidade, em liberdade, em paz interior, e de desenvolver todas as capacidades de amor e de alegria que estão depositadas em nós.

Isso, porém, com uma condição: a de renunciarmos a comandar a nossa existência e não querermos programar a nossa felicidade, antes deixarmo-nos conduzir pela vida, tanto nos acontecimentos felizes como nas circunstâncias difíceis, aprendendo a reconhecer e aceitar todas as chamadas que nos são dirigidas dia após dia.

Acabo de empregar a palavra "chamada", que será a palavra-chave de todo este livro. É uma noção simples, mas muito rica, e que me parece absolutamente fundamental nos planos antropológico e espiritual. O homem não pode realizar-se unicamente levando a cabo os projetos que elabora. É legítimo, e mesmo necessário, ter projetos e mobilizar a inteligência e as energias para os efetivar. Mas parece-me que isso é insuficiente e pode dar origem a grandes desilusões, se sobrevém o fracasso.

A elaboração e a execução de projetos devem fazer-se acompanhar sempre de uma outra atitude, afinal de contas mais decisiva e fecunda: a de pôr-se à escuta das chamadas, dos convites discretos, misteriosos, que nos são dirigidos de modo contínuo ao longo de toda a nossa existência; a de antepor aos nossos planos e à sua execução essa escuta e disponibilidade. Estou convencido de que só podemos realizar-nos plenamente na medida em que captemos as chamadas que a vida nos faz diariamente e consintamos em atendê-las. Chamadas

# INTRODUÇÃO

para que mudemos, cresçamos e amadureçamos; para que dilatemos o nosso coração e os nossos horizontes; para que saiamos das estreitezas do nosso coração e dos nossos pensamentos para acolher a realidade de um modo mais amplo e mais confiante. Essas chamadas chegam até nós por meio dos acontecimentos, dos exemplos de pessoas que nos impressionam, dos desejos que nascem no nosso coração, dos pedidos que nos faz uma pessoa próxima, do contato com a Sagrada Escritura e de muitos outros modos. Têm a sua origem última em Deus, que nos deu a vida, que não cessa de velar por nós, que deseja com toda a ternura conduzir-nos pelos caminhos da existência e que intervém permanentemente, de uma maneira discreta — muitas vezes imperceptível, mas eficaz — na vida de cada um dos seus filhos. Essa presença e essa ação de Deus, ainda que infelizmente se ocultem a muitos, revelam-se a todos os que sabem manter-se numa atitude de escuta e disponibilidade.

Deus não é um Deus de mortos, mas de vivos. Não cessa de bater-nos à porta de diversas formas, misteriosa mas realmente, para dar a cada vida um valor, uma beleza e uma fecundidade que ultrapassam tudo o que podemos prever e imaginar, como nos diz São Paulo:

> Àquele que, pelo poder que opera em nós, pode fazer infinitamente mais do que tudo o que podemos pedir ou conceber, a Ele seja dada glória, na Igreja e em Cristo Jesus, por todas as gerações e por todos os séculos. Amém. (Ef 3. 20-21).

Seria uma pena que nos privássemos desta ação de Deus e nos encerrássemos no mundo demasiado estreito e decepcionante dos nossos projetos pessoais.

No meio das muitas chamadas que a vida nos dirige, o que há na realidade é uma única chamada de Deus. Essa chamada encontra a sua forma mais completa e luminosa no mistério de Cristo. Ao percebê-la e corresponder-lhe, o homem encontra o caminho privilegiado da realização da sua humanidade e da descoberta da autêntica felicidade, uma felicidade que terá o seu remate na glória do mundo futuro. É o que afirma São Paulo na Epístola aos Efésios, na qual fala da extraordinária esperança que nos abre a chamada de Deus em Cristo:

> *Digne-se o Deus de nosso Senhor Jesus Cristo, o Pai da glória, dar-vos um espírito de sabedoria e de revelação que vos faça conhecê-lo verdadeiramente. Queira Ele iluminar os olhos do vosso coração para que compreendais a que esperança fostes chamados, quão rica e gloriosa é a herança que Ele reserva aos santos, e qual a suprema grandeza do seu poder para conosco, que abraçamos a fé* (Ef 1, 17-19).

Nas páginas que se seguem, mostraremos a importância e a fecundidade desta ideia, antes de passarmos em revista alguns lugares privilegiados em que somos interpelados: os acontecimentos da existência, a Palavra de Deus — à qual dedicaremos um longo capítulo —, os desejos que o Espírito Santo desperta em nós.

Insistiremos também em que toda a chamada de Deus é uma chamada à vida: a nossa primeira vocação

INTRODUÇÃO

é a de viver, e uma chamada só pode vir de Deus se nos impele a viver de uma maneira mais intensa e mais bela, e a assumir com mais confiança a vida humana tal como é, em todos elementos que a compõem: corporais, psíquicos, afetivos, intelectuais e espirituais.

Termino esta introdução com uma observação dirigida aos que se mostrem interessados em ler este livro. Vou abordar a noção de chamada num contexto e num vocabulário cristãos, porque estou convencido de que a Bíblia, e especialmente o Evangelho, é a palavra mais profunda e mais esclarecedora que já se pronunciou sobre a condição humana. Mas muitas das coisas que dissermos valerão para qualquer homem. Com efeito, a noção de chamada é intrínseca à condição humana, desde que a encaremos com certa profundidade.

Antes de iniciarmos as nossas considerações, vejamos sucintamente como essa noção está presente nas ideias de *responsabilidade*, *liberdade* e *desejo*.

Um conceito tão importante no plano moral como o de *responsabilidade* — responder por... — pressupõe de algum modo a existência de uma chamada, de uma exigência. Responder pelos atos próprios não é apenas assumir as consequências em face de um outro; é também afirmar que, anteriormente ao ato, houve pedidos — bons ou maus... — que nos foram dirigidos.

Do mesmo modo, não se pode dar uma verdadeira consistência à noção de *liberdade* sem que, de um modo ou de outro, se afirme uma forma de chamada. Se não queremos que a liberdade seja algo puramente arbitrário e portanto insignificante, é preciso que a faculdade de optar, própria da liberdade, seja solicitada por alguma coisa que a ultrapasse.

Por último, uma realidade tão fundamental como o *desejo* — a menos que o entendamos unicamente como uma fabricação psíquica, um produto da alquimia dos impulsos — deve ser interpretada, na sua natureza íntima, como uma chamada. Por entre a diversidade às vezes contraditória dos desejos que habitam o coração do homem, e mais profundamente, há um desejo único: o desejo de plenitude, de felicidade... Se se quer respeitá-lo, tomá-lo como algo sério, plenamente humano, e não somente considerá-lo em termos de necessidade ou de impulso, é preciso ver nele os traços de uma chamada que vem de mais longe do que do próprio homem.

Não existe humanidade que se possa conceber sem a percepção de uma chamada que nos convida a ser mais homens. De onde vem essa chamada? Onde tem a sua fonte? É o problema fundamental de toda a vida. Eu situo-me claramente no âmbito da resposta cristã, mas penso que as reflexões que se seguem podem interessar a todos os homens de boa vontade.

# O HOMEM, UM SER ESSENCIALMENTE CHAMADO

> "O que define o homem é a sua capacidade
> de ouvir a chamada de Deus"[1].

## Importância bíblica e antropológica da noção de chamada

Partirei de uma afirmação muito importante de João Paulo II. Na série de catequeses sobre o matrimônio que ministrou no começo do seu pontificado, o Papa evoca a condição do homem como um ser marcado pelo pecado, mas, ainda mais profundamente, como um ser essencialmente chamado:

> A análise das palavras pronunciadas por Jesus no Sermão da Montanha [...] leva-nos à convicção de que o coração humano não foi acusado e condenado por Cristo por causa da concupiscência, mas em primeiro lugar e sobretudo chamado. Aqui se revela uma nítida divergência entre a antropologia do Evangelho e a de alguns representantes influentes da hermenêutica contemporânea do homem (conhecidos como os mestres da dúvida)[2].

A noção de chamada é fundamental: está no coração da visão bíblica do homem e indica claramente a linha de demarcação entre uma visão do homem fiel ao Evangelho e qualquer outra que lhe seja alheia ou oposta.

---

1   Jean-Claude Sagne, *Les sacrements et la vie spirituelle*, Mediaspaul, p. 57.

2   Catequese de 9 de fevereiro de 1983.

Observemos, em primeiro lugar, que o tema de Deus que se manifesta ao homem e o convida a uma resposta está presente ao longo de toda a Escritura, tanto no Antigo Testamento como no Novo.

Pensemos nos numerosos relatos de vocação do Antigo Testamento: Abraão, Moisés, o jovem Samuel, Isaías, Jeremias[3]. Contam-se entre os textos mais belos da Bíblia, porque se percebe neles o caráter absolutamente pessoal da relação entre o homem e Deus. Vemos aí o homem com a sua fragilidade, as suas vacilações, mas também com a sua disponibilidade, com a sua capacidade de dizer sim. E descobrimos Deus na sua soberania bem como na sua misericordiosa ternura para com a sua criatura. Vemos sobretudo o que a intervenção de Deus é capaz de fazer brotar como novidade na vida de um homem, os caminhos surpreendentes e imprevisíveis que Ele pode abrir numa existência, a fecundidade que é capaz de conceder.

No Novo Testamento, há também inúmeras pessoas conscientes de deverem o sentido profundo de suas vidas a uma chamada de Deus por meio de Cristo. Para citar apenas São Paulo, pode-se verificar, pela leitura das suas Epístolas, como o tema é frequente e fundamental. O Apóstolo é consciente de que todo o valor da sua vida pessoal deriva da chamada que recebeu de modo fulminante no caminho de Damasco. Toda a graça, toda a vida, toda a fecundidade, toda a autêntica conduta moral nascem da sua resposta à chamada de Deus.

---

3     Gn 12, 1-15; Ex 3, 1-20; 1 Sm 3, 1-20; Is 6, 1-13; Jer 1, 1-10.

O termo aparece com frequência nas suas cartas, quer para referir a sua própria experiência, quer para exortar as comunidades de que cuida a serem fiéis à chamada recebida de Deus por meio de Cristo. Mencionemos apenas um texto dentre muitos:

> *Paulo, apóstolo de Jesus Cristo por chamamento e vontade de Deus, e o irmão Sóstenes, à Igreja de Deus que está em Corinto, cos que foram santificados em Jesus Cristo, chamados à santidade, juntamente com todos os que, em qualquer lugar em que estejam, invocam o nome do nosso Senhor Jesus Cristo, Senhor deles e nosso; a vós, graça e paz da parte de Deus, nosso Pai, e da parte do Senhor Jesus Cristo!* (1 Cor 1, 1-3).

Pode-se afirmar que essa noção de chamada é, de certa maneira, o que cria a unidade de toda a Sagrada Escritura. Para além da diversidade de autores, de épocas, de estilos, de mentalidades, todos os livros da Bíblia dão testemunho de uma mesma experiência espiritual fundamental: Deus entra em diálogo com o homem, propõe-lhe um caminho de vida e espera dele uma resposta livre.

De um ponto de vista antropológico, essa chamada não é uma realidade periférica, algo que aconteceria só de tempos em tempos ou que estaria reservado a alguns indivíduos privilegiados, gratificados com uma vocação particular (como infelizmente se pôde pensar às vezes). Não é algo acrescentado ao desenvolvimento normal de uma vida, algo um pouco facultativo — e que, portanto, permitiria a vida humana achar a sua consistência sem isso —, mas uma dimensão estrutural, constitutiva da nossa identidade de homens ou de mulheres. O homem não pode existir plenamente por si mesmo, apoiado unicamente nos seus recursos físicos, intelectuais, psíquicos e afetivos. Não pode realizar-se como homem senão atendendo às chamadas que Deus lhe dirige — discreta e misteriosamente, sem dúvida, mas de maneira real e constante ao longo da sua existência.

## As mediações e as formas de chamada

Essas chamadas não são "telefonemas" diretos; passam evidentemente por mediações, das quais teremos ocasião de falar extensamente ao longo deste livro. Através delas, Deus não cessa nunca de nos interpelar, de nos convidar a pôr-nos em movimento numa ou noutra direção. E ao mesmo tempo dá-nos a graça e as forças necessárias para tanto.

A chamada pode estar relacionada com decisões importantes da nossa vida e chegar a ser uma vocação no sentido clássico (vocação para a vida consagrada, para o matrimônio, para uma missão particular na Igreja ou na sociedade). Mas, com muita frequência, refere-se a pequenas coisas de cada dia: um convite ao perdão, a um ato de confiança numa situação difícil, a um serviço a alguém que encontramos no nosso caminho, a uns momentos de oração... É importante "detectar" também estas outras chamadas e aceitá-las, mesmo que o seu objeto nos pareça pouco relevante, porque o caminho que nos traçam permite desenvolver uma vida extremamente rica e abundante, muito mais do que pensamos. Em toda a resposta positiva a uma chamada de Deus, por ínfimo que seja o seu objeto, é-nos comunicado um acréscimo de vida, de força, de coragem, porque Deus se dá a quem se abre às suas chamadas. Além disso, leva-nos a entrar progressivamente numa verdadeira liberdade, como veremos agora.

## A chamada, caminho de liberdade

Na Epístola aos Gálatas, São Paulo afirma: *Vós, irmãos, fostes chamados à liberdade* (Gl 5, 13). Deus chama-nos à liberdade.

Essa liberdade não nos é dada instantaneamente e de maneira plena: constrói-se progressivamente e com paciência, dia após dia, e adquire-se precisamente pela fidelidade em atender às chamadas que Deus nos faz ouvir. Todas elas têm como característica a de abrir-nos um espaço de liberdade e permitir-nos escapar aos diferentes tipos de armadilhas em que podemos cair. Ilustremos esta verdade de diversos modos.

Sem a chamada, o homem ficaria *preso ao seu pecado*.

Como põe em evidência o relato da criação e da queda nos primeiros capítulos do Gênesis, o pecado é a recusa da vida de filhos de Deus e a causa de todas as cadeias que daí resultam. Por orgulho, o homem recusa-se a receber a sua vida e a sua felicidade das mãos do Pai, numa dependência confiante e amorosa. Pretende ser ele mesmo a fonte da sua vida. Em consequência, nascem muitas suspeitas, medos, inquietações, assim como uma exacerbação dos apetites desordenados. Deixando de esperar de Deus a felicidade a que aspira, e querendo alcançá-la por si mesmo, o homem pecador tende a apropriar-se com avidez de um conjunto de bens que considera capazes de satisfazer os seus anseios: riqueza, prazer, reconhecimento etc. Vejamos brevemente de que modo, para algumas das expressões mais fundamentais dessa tendência — o orgulho, o medo e a cobiça —, a realidade da chamada oferece um caminho de libertação.

A abertura às chamadas de Deus liberta do *orgulho*: faz passar de uma atitude de autossuficiência, da pretensão de sermos o único dono da nossa vida, para uma atitude de dependência de um Outro, de disponibilidade, de humildade, de submissão confiante.

Ajuda também a sair das armadilhas da *concupiscência*: ao chamar o homem, Deus desperta e orienta os seus desejos para bens mais capazes de cumulá-los do que esses outros que são objeto das suas concupiscências imediatas.

Liberta-o ainda do *medo*: tornando-o disponível para as chamadas de Deus, confere-lhe uma coragem e uma força que lhe permitem dominar os seus temores e ultrapassar o estreito círculo das proteções em que se deixa encerrar com demasiada frequência.

No Evangelho, quando os fariseus se escandalizam de vê-lo comer com publicanos e pecadores, Jesus replica:

*Não vim chamar os justos, mas os pecadores* (Lc 5, 31). Esta frase exprime a infinita misericórdia de Deus, que chama o homem não em virtude dos seus méritos, mas por pura bondade e por não querer vê-lo prisioneiro do seu passado: quer sempre propor-lhe um futuro, sejam quais forem os seus extravios. Mas esse texto tem também por fim fazer compreender que o meio mais eficaz de sairmos do pecado e da miséria não é que nos culpemos ou nos aflijamos, mas que nos abramos às chamadas que Deus não deixa de dirigir-nos hoje, seja qual for a nossa situação. A pessoa mais afundada no mal também é chamada; e assim vê abrir-se diante dela um caminho de salvação.

Sem essas chamadas, o homem permaneceria *encerrado nos limites do seu psiquismo*, das suas imaginações, dos seus impulsos e das suas fantasias. Não pretendo aqui desqualificar o funcionamento natural do psiquismo humano, esse mundo tão complexo de emoções e representações que cada qual traz dentro de si, e que desempenha um papel indispensável, com os seus valores e os seus recursos: é uma das modalidades fundamentais que fazem a pessoa estar vinculada a si mesma e ao mundo que a rodeia; tudo passa pelo psiquismo. Mas é preciso reconhecer que a vida psíquica tem os seus limites e os seus riscos de reclusão, tanto mais que está marcada por uma profunda tendência a proteger a sua identidade e a assegurar a sua sobrevivência.

O nosso acesso a toda a verdade e à riqueza do real pode, pois, ser obstruído pelos limites e às vezes pelas disfunções desse complexo de emoções e representações. Entre a representação psíquica que fazemos da realidade e o que esta é na sua verdade e na sua beleza profunda, pode haver uma séria distorção: não é nunca o real que nos aprisiona, são as nossas representações. Do mesmo modo, o jogo e o peso das nossas emoções não são sempre proporcionais à verdade das coisas. Pode haver realidades de uma importância capital que nos deixem emocionalmente indiferentes, enquanto coisas de pouca importância têm por vezes em nós uma ressonância afetiva desmedida.

Voltando a um ponto já abordado, e que pode afetar o homem todo, a imagem que temos da felicidade, a representação psíquica daquilo que julgamos capaz de nos tornar felizes, não costuma ter senão uma relação longínqua com a felicidade efetiva, com o que realmente nos pode satisfazer. Este é o drama da humanidade desde as suas origens: correr atrás de uma imagem da felicidade que é uma elaboração cultural e psíquica, e assim não encontrar nunca a verdadeira felicidade. O homem — hoje mais do que nunca — esforça-se demasiado por dominar e controlar a sua vida, por realizar os seus próprios projetos, por saciar a sua sede (legítima) de felicidade, mas sem se aperceber de que, com muita frequência, fica prisioneiro dos limites daquilo que o seu psiquismo é capaz de desejar e imaginar, e que nem sempre corresponde ao que pode torná-lo verdadeiramente feliz.

O HOMEM, UM SER ESSENCIALMENTE CHAMADO

Na maneira de conduzir a sua vida, o homem corre, pois, o risco de ficar enclausurado nas suas criações psíquicas, nas suas emoções e representações. Estas têm uma parcela de verdade, que é preciso tomar em consideração, mas são limitadas e por vezes enganosas. Devem submeter-se a uma conversão permanente para se abrirem à riqueza do real que Deus nos propõe e que é mais vasto e fecundo do que qualquer elaboração psíquica, como afirma São Paulo: *Segundo está escrito, o que nenhum olho viu, nem ouvido algum ouviu, tais são os bens que Deus preparou para aqueles que o amam* (1 Cor 2, 9).

Esta abertura para a verdadeira realidade não pode ser alcançada sem dores nem renúncias, sem lutas nem agonias. É um trabalho que se deve reempreender sempre, que nunca acaba aqui em baixo, mas que permite ter acesso a uma vida cada vez mais rica e abundante.

## Abertura para o futuro

Acrescentemos outra observação: a resposta às chamadas faz-nos avançar, abre-nos horizontes imprevisíveis e sempre novos. Propõe-nos permanentemente um futuro, seja qual for o nosso passado ou a nossa situação presente. Isso é um imenso dom, porque não há nada pior do que não ter futuro. A recente revolta dos jovens dos subúrbios franceses — ainda que se tenha manifestado sob formas inaceitáveis — comprova o profundo desespero que nasceu do sentimento de a sociedade não lhes propor nenhum futuro.

Dito isto, é preciso compreender que as chamadas de Deus nem sempre são um grande clarão que ilumina a nossa vida a longo prazo e lhe dá uma ampla orientação futura. São por vezes apenas um pequeno passo que nos é proposto "apenas para hoje" — como diz Teresa de Lisieux —, uma disposição que se refere apenas ao dia de hoje. Mas isso basta para vivermos e avançarmos dia após dia, para darmos um sentido à existência e para perseverarmos até que nos seja concedida a graça de umas perspectivas mais vastas. Direi mais: é preferível não conhecer o futuro e descobri-lo aos poucos, à medida que se converte em presente. Pensamos às vezes que o domínio do futuro nos proporcionaria segurança. É ao contrário: estamos mais seguros e gozamos de mais paz quando vivemos passo a passo num clima de confiança em Deus e pondo nas suas mãos o nosso futuro, sem procurar conhecê-lo nem dominá-lo.

Uma outra observação muito importante: a chamada também nos torna livres no sentido de que nos permite viver positivamente qualquer situação. Mesmo que às vezes nos pareça difícil interpretar as circunstâncias da nossa vida, que em certos momentos podem beirar o caos, *todos os acontecimentos que nos atingem trazem em si mesmos uma certa chamada de Deus.*

Os acontecimentos felizes são convites à ação de graças. Os acontecimentos infelizes são convites à fé, à esperança, a determinadas conversões etc. A descoberta da chamada pessoal contida em cada acontecimento da vida é o meio por excelência de o assumirmos de maneira positiva. Acrescentemos que a disponibilidade às chamadas de Deus é o que unifica a nossa existência e lhe dá o seu fio condutor, para além da mutabilidade das circunstâncias e dos episódios que nela ocorrem. Voltaremos mais extensamente a isto.

## Toda a chamada é criadora

A primeira chamada que Deus nos dirige, e que é como que a raiz de todas as outras, é a chamada à vida.

Na Epístola aos Romanos, São Paulo fala de *Deus que dá a vida aos mortos e chama do nada à existência* (Rm 4, 17). É uma chamada que nos precede e à qual de certo modo já respondemos, pois existimos. Uma chamada inteiramente peculiar, porque não pressupõe o interlocutor, mas o cria, fazendo-o passar do nada para o ser. Mas pode-se dizer que essa primeira chamada se estende a todas as chamadas que Deus nos dirige: num certo sentido, arrancam-nos do nada, salvam-nos, dão-nos a nós mesmos. A chamada tira sempre do nada, faz-nos sair de um nada, de um sem-sentido ou de uma reclusão, para nos fazer existir com mais intensidade e verdade.

## Chamada e dom

O dinamismo da chamada é fecundo por uma razão fundamental: porque toda a chamada é também um dom.

Ao falar da eleição do povo de Israel, São Paulo afirma que *os dons e o chamamento de Deus são irrevogáveis* (Rm 11, 29). Associa assim, muito acertadamente, as duas noções. Quando Deus nos convida a pôr-nos a caminho numa direção ou noutra, dá também a força e a graça necessárias. Abrir-se a uma chamada é sempre receber um acréscimo de força, porque Deus é fiel: dá o que manda, como diz Santo Agostinho.

Em sentido inverso, pode-se dizer que toda a chamada é um dom. Cada vez que a vida nos faz um presente — um momento de felicidade, uma amizade, determinada capacidade... —, esse presente contém implicitamente uma chamada: convida-nos a agradecer a dádiva recebida, a acolhê-la plenamente, a torná-la fecunda para nós mesmos e para os outros, a fazer frutificar o talento recebido. Todo o dom de Deus é um convite para que nos tornemos totalmente disponíveis à sua ação. "Nenhum dom de Deus é verdadeiramente proveitoso senão para aquele que o reconhece como um dom e opta por acolhê-lo sem reservas"[4].

Chamada e dom são as duas faces complementares de uma mesma realidade: o ato pelo qual Deus nos

---

4    Jean-Claude Sagne, *Les sacrements et la vie spirituelle*, Médiaspaul. Esta obra contém páginas muito belas sobre a noção de chamada.

infunde a vida, uma vida cada vez mais rica, abundante; uma vida que não é apenas recebida passivamente, mas que se desenvolve graças ao consentimento da nossa liberdade. A aceitação desta vida mais profunda e rica não se faz sem sofrimentos e renúncias, mas a sua finalidade é a vida em abundância, que é a vontade de Deus sobre nós.

Abrir-se à chamada é abrir-se à vida em todas as suas dimensões: vida natural, vida do corpo, do coração, das emoções, da inteligência, mas vida que se desdobra também em relação, em amor, em comunhão e, afinal de contas, em participação na própria riqueza de toda a vida divina: na vida sobrenatural. Toda a chamada é uma chamada a amar mais, e encontra a sua plena realização pela participação na pureza e no fervor do próprio amor divino.

## Perder-se para encontrar-se

Desejaria fazer uma última reflexão a respeito da noção de chamada. Penso que só ela permite articular de uma maneira adequada na nossa vida o desejo legítimo de realização pessoal e o convite evangélico para nos perdermos e nos renunciarmos.

Trata-se de uma questão muito atual e difícil de resolver. Há no mundo de hoje uma forte aspiração à realização própria, ao desenvolvimento de todas as potencialidades pessoais, e propõem-se inúmeras técnicas para consegui-lo. As prateleiras das livrarias estão cheias de obras sobre este tema, com o melhor e o pior.

Há algo de legítimo nessa tendência, mas nem sempre é fácil conciliá-la com a linguagem do Evangelho, cujo discurso parece ser outro: o da renúncia e da abnegação. Os que temos fé não podemos ignorar pura e simplesmente as palavras de Jesus quando diz: *Se alguém quiser vir após mim, negue-se a si mesmo, tome a sua cruz e siga-me. Pois quem quiser salvar a sua vida perdê-la-á, mas quem perder a sua vida por mim e pelo Evangelho salvá-la-á* (Mc 8, 35-36).

Não podemos deixar de lado uma frase como a de Teresa de Lisieux: "Se soubéssemos o que ganhamos renunciando a tudo!"[5] Há nela uma grande parte de verdade, que é preciso compreender e integrar em todo o itinerário espiritual autêntico.

Sem querer tratar exaustivamente desta questão, que aliás não pode ter uma solução intelectual perfeitamente satisfatória — a Cruz será sempre um desafio à razão... —, desejaria sublinhar uma coisa: trata-se de uma questão que não pode ser abordada adequadamente à margem do dinamismo da chamada e da resposta. As palavras do Evangelho que acabamos de citar acerca da renúncia devem ser compreendidas no contexto da pregação do Reino e do convite dirigido a todos para que sigam Jesus e deem prioridade absoluta à boa nova do Reino.

---

5 Ir. Geneviève, *Conseils et souvenirs*, Cerf, coleção *Foi vivante*, p. 131.

É precisamente quando atende às chamadas de Deus que o homem se perde e ao mesmo tempo se encontra de um modo autenticamente cristão, e não de um modo desviado ou malsão. Vive uma "perda" que não é autodestruição, masoquismo, dolorismo, mas saída de si, dos limites próprios, para uma abertura mais ampla à vida. Experimenta um "encontro consigo mesmo" que não é busca narcisista e egoísta de expansão pessoal, mas acesso à sua identidade mais profunda: a identidade de filho de Deus, aquela que nos é dada à medida que correspondemos às chamadas que a vida nos dirige permanentemente.

# A VOCAÇÃO DE CRIATURA

Vejamos agora mais detidamente o que dissemos acima: que a chamada mais fundamental que nos é dirigida é a chamada à vida. O primeiro dom que Deus nos faz é o dom da vida, e esse dom já é uma vocação.

Ao longo dos retiros que tenho pregado, ocorre-me às vezes perguntar a bons católicos:

— Qual é o primeiro grande presente que Deus nos fez?

— O batismo, respondem-me.

Essa resposta, em minha opinião, manifesta um problema. O batismo é evidentemente um dom maravilhoso: dá-nos acesso à riqueza da vida trinitária. Mas o primeiro presente de Deus é a vida!

Na verdade, a resposta citada revela-nos a dificuldade que costumamos ter para encarar a vida como um dom. É compreensível: a vida traz consigo um fardo de dores, de sofrimentos, de decepções, e, às vezes, consideramo-la mais como uma cruz que é preciso carregar do que como um presente. Durante a sua prova, Jó chegou a amaldiçoar o dia em que nasceu: *Pereça o dia em que nasci e a noite em que se disse: "Foi concebida uma criança masculina"* (Jó, 3, 3).

No entanto, apesar do seu peso de provas e padecimentos, a vida é sempre um dom. No relato da criação, o livro do Gênesis diz-nos que, depois de ter criado o homem e a mulher à sua imagem, *Deus os abençoou*, convidou-os a ser fecundos, a dominar a terra, e conclui com estas palavras: *E Deus viu que tudo o que tinha feito era muito bom* (Gn 1, 28-31).

Esta realidade primordial nunca foi desmentida. Os dons e as chamadas de Deus são sem arrependimento. Ainda que o pecado tenha vindo a complicar a situação, Deus jamais retirou a bênção que fez descer sobre a vida do homem e da mulher. Em consequência da queda, amaldiçoou a serpente, mas nunca a criação nem a existência humana. Existe evidentemente um pecado original, mas, se assim me posso exprimir, a bondade ontológica da existência criada é mais original que o pecado. A existência humana está ameaçada pelo pecado — é necessário sermos perfeitamente lúcidos neste ponto —, mas continua a ser essencialmente boa; por outro lado, a ferida do pecado recebeu muito cedo a promessa da redenção futura, através da bênção ainda maior que foi preparada em Jesus Cristo.

Como poderemos acolher a vida divina como um presente, se não acolhemos a vida em si como um presente? A graça não suprime a natureza: purifica-a e aperfeiçoa-a. Como poderemos acolher a graça da redenção, se não acolhemos o dom da criação? A redenção restaura e coroa a obra da criação, não a nega nem a substitui[1].

Isto que afirmo não é apenas uma bonita teoria, mas tem repercussões muito concretas na vida das pessoas.

---

1     O pensamento cristão desenvolveu extensamente o tema da queda e da redenção, mas talvez não tanto o da criação.

# A VOCAÇÃO DE CRIATURA

Por exemplo, nas minhas conversas de orientação espiritual, tenho observado que o que bloqueia certas pessoas e as impede de acolher a graça de Deus, o que as paralisa no seu progresso humano e espiritual, é com frequência que não se aceitam tal como são e não admitem as suas limitações de criaturas[2].

A criação, pela qual Deus nos chamou do nada à existência, é o primeiro grande ato de amor e de misericórdia com que Ele interveio na nossa vida. Todos os seus outros atos de amor por nós têm nele a sua raiz e fundamento.

Citemos um belo texto de Santa Catarina de Sena, que se extasia ante a beleza da criatura humana, criada à imagem da Trindade. Na linha de Santo Agostinho, relaciona as três potências da alma — memória, inteligência e vontade — com cada uma das Pessoas divinas e vê na criação uma maravilhosa obra de amor.

> Ó Deidade, Deidade, inefável Deidade! Bondade suprema que somente por amor nos fizestes à vossa imagem e semelhança, que não Vos contentastes com dizer, quando criastes o homem, o *Faça-se!* que tirou as outras criaturas do nada; antes dissestes: *Façamos o homem à nossa imagem e semelhança* (Gn 1, 2), a fim de que a Trindade inteira concorresse para a nossa existência e gravasse a sua forma nas potências da nossa alma.
>
> E, com efeito, ó Pai eterno, que conservais tudo em Vós, a nossa memória assemelha-se à vossa, pois retém e conserva tudo o que a inteligência vê e compreende de Vós mesmo. Este conhecimento fá-la participar da sabedoria

---

2   Veja-se no meu livro *A liberdade interior* (publicado no Brasil por Edições Shalom, Fortaleza, 2004) o capítulo sobre a aceitação de si.

do vosso Filho único.Vós nos destes também a vontade do Espírito Santo, que transborda do vosso amor e capta tudo o que a inteligência conhece da vossa inefável bondade, para cumular de Vós a nossa memória e o nosso coração.

Oh sim! Dou-Vos graças por esse amor infinito que manifestastes ao mundo, dando-nos a inteligência para Vos conhecer, a memória para Vos recordar, a vontade para Vos amar sobre todas as coisas, como Vós o mereceis; e nem o demônio nem nenhuma outra criatura nos podem arrebatar este poder e este amor sem o nosso consentimento. Que o homem se envergonhe de se ver tão amado e de não amar o seu Criador, a sua vida verdadeira[3].

Numa bela catequese (2 de janeiro de 1980), João Paulo II diz: "O Criador é quem chama do nada à existência e estabelece o mundo na existência e o homem no mundo, porque é o Amor". Acrescenta que esse ato significa uma doação fundamental. Dirigida ao homem, essa doação instaura uma relação entre Aquele que dá e aquele que recebe. "A criação é um dom, porque nela aparece o homem que, como imagem de Deus, é capaz de *compreender o próprio sentido do dom na chamada do nada à existência*". Encontramos aqui a íntima conexão entre dom e chamada de que falamos antes. Na expressão "chamar do nada à existência", o verbo chamar não tem apenas um sentido metafórico: é preciso tomá-lo no seu sentido mais forte — o de vocação.

---

3    Catarina de Sena, *Orações*. Oração feita em Avinhão pelo restabelecimento da paz na Igreja.

## A VOCAÇÃO DE CRIATURA

Outra observação importante: o fato de haver no cume da criação um homem e uma mulher é o sinal de que a chamada à vida é uma chamada ao amor, ao encontrc, ao dom mútuo das pessoas. Diz João Paulo II: "O homem só realiza a sua essência existindo com alguém e, muito mais profunda e completamente, existindo para alguém". O corpo sexuado é o testemunho de que a vocação para a vida é uma vocação para o amor interpessoal, para o dom recíproco.

Mesmo antes do dom do batismo e de todas as outras vocações que possam seguir-se — matrimônio, vida consagrada, uma missão particular... —, a condição de criatura é já uma bela e grande vocação: é um convite a dar graças a Deus pelo dom da vida, a acolher essa vida nas suas diferentes dimensões (corporal, intelectual, afetiva, espiritual...) e a orientá-la para o bem e a fecundidade, particularmente na doação mútua das pessoas.

Se não formos sensíveis à beleza da nossa vocação de criaturas, como poderemos acolher as chamadas posteriores? Além disso, se a desconhecermos ou menosprezarmos, como poderemos entrar em diálogo e viver uma certa comunhão com os não batizados? A vocação para a vida é a vocação comum a todos os homens, crentes ou não.

A criação é o dom original e fundamental em que todos os outros dons virão a enxertar-se, a vocação fundamental em que todas as outras vocações se apoiarão. As outras vocações não devem negar, mas favorecer essa chamada à vida. Isso se fará, sem dúvida, por meio de renúncias e segundo uma lógica que não é a do mero desenvolvimento biológico, pois passa pelo mistério da Cruz. Não é sem sofrimento, sem trabalho e sem lutas que a vida se desenvolve, que nos libertamos do risco de nos fecharmos em nós mesmos, que desenvolvemos as nossas capacidades físicas, emotivas, intelectuais, que fazemos a aprendizagem da relação interpessoal e do amor, que a vida natural se abre à vida sobrenatural.

Não se deve, porém, esquecer que toda a vocação é uma vocação para uma vida mais plena. Se a correspondência a uma chamada particular não conduz a uma plena aceitação da vida humana tal como é, com as suas modalidades concretas, as suas alegrias e penas, os seus dons e as suas exigências, temos o direito de pô-la em dúvida... Cuidado com certas vocações que poderiam mascarar recusas de viver, medos de amar, um não ao corpo ou às emoções, falta de aceitação da vida tal como é. A resposta a uma chamada deve significar a escolha de uma vida mais abundante, mais intensa, mais encarnada, não um refúgio, uma proteção, uma opção de morte disfarçada, como pode acontecer com certos compromissos de uma vida religiosa mal entendida.

## Quero que vivas

No começo do capítulo XVI de Ezequiel, encontramos um belo texto que exprime a chamada à vida.

A VOCAÇÃO DE CRIATURA

É uma passagem alegórica da história de Jerusalém, que é apresentada na figura de uma formosa jovem. Passará por muitas peripécias, entre elas a traição e o pecado, mas tudo acabará bem: Deus a perdoará e reerguerá.

O começo é tocante: descreve o sofrimento do abandono e da rejeição que todos experimentamos em maior ou menor medida e que torna por vezes a vida tão dura:

> No dia do teu nascimento, o teu cordão umbilical não foi cortado; não te lavaram com água para purificar-te, não te untaram com sal nem te enfaixaram. Ninguém se inclinou sobre ti para te prestar piedosamente um só desses cuidados. Mas foste exposta no campo no dia em que nasceste, porque tiveram horror de ti (Ez 16, 4-5).

Mas felizmente Deus passou por ela e compadeceu-se: *Passei perto de ti, vi-te banhada no teu sangue e disse-te: Vive! [...]. E tu cresceste, ficaste moça e de uma beleza perfeita* (Ez 16, 6-7).

*Vive! Quero que vivas!* Eis a primeira e a mais fundamental chamada que Deus nos dirige.

Quando a vida nos parecer demasiado pesada, far-nos-á bem acolher-nos a essa palavra, corresponder a essa chamada com a nossa vontade, optar pela vida e aceitá-la tal como é, mesmo com todo o seu peso de sofrimento e dor. Assumida com confiança, revelar-se-á finalmente como um dom imenso.

CHAMADOS A VIVER

Poderíamos citar numerosos testemunhos de pessoas que, apesar de estarem mergulhadas em situações de sofrimento, de obstáculos, de adversidades dolorosas, optavam por crer na vida e, graças a essa confiança, os seus padecimentos e provas se transfiguravam e acabavam por mostrar-se benéficos. Penso em alguém como Etty Hillesum, essa jovem judia morta em Auschwitz em 1943 — que citei diversas vezes no meu livro *A liberdade interior* — e que tem textos admiráveis a este propósito: "Estou disposta a dar testemunho, através de todas as situações e até da morte, da beleza e do sentido desta vida"[4]. Quanto mais a sua situação se tornava humanamente desesperada (no contexto da perseguição nazista na Holanda), mais ela confiava na vida. Mas a condição é aceitá-la tal como é, *acolhê-la na sua totalidade*.

Diante da vida, somos frequentemente tentados a "fazer uma triagem", tomando o que nos agrada e rejeitando o que nos desagrada. E isso é um erro. É necessário "escolher tudo", segundo a expressão de Teresa de Lisieux[5]. Etty revela a mesma atitude nesta passagem:

> Nestes últimos tempos, sinto em mim uma experiência cada vez mais intensa: nas minhas ações e sensações quotidianas mais ínfimas, infiltra-se um pressentimento de eternidade. Não sou a única a estar cansada, doente, triste ou angustiada. Vivo em uníssono com milhões de outros seres humanos

---

4    Etty Hillesum, *Une vie bouleversée*, Seuil.

5    Santa Teresa de Lisieux, *Obras completas*, Manuscrito A, 9 e 10.

através dos séculos. Tudo isso é a vida. A vida é bela e está cheia de sentido no seu absurdo, por pouco que saibamos encontrar um lugar para tudo e acolhê-la toda inteira na sua unidade. Então, de um modo ou de outro, forma um conjunto perfeito. Quando se recusam ou se pretende eliminar dela certos elementos, quando por prazer ou por capricho se admite este ou aquele aspecto e se rejeita um outro, então a vida torna-se efetivamente um absurdo. Quando se perde o conjunto, tudo se torna arbitrário[6].

Há uns meses, à saída de um encontro de oração numa casa da minha Comunidade, em que falara de esperança, conversei por uns minutos com uma senhora bastante idosa, e essa conversa marcou-me profundamente. Tinha mais de oitenta anos, mas conservava-se bela, digna, de rosto afável. Disse-me que tinha passado por muitas provações ao longo da vida. Em particular, quando tinha perto de trinta e cinco anos e o marido a largara brutalmente para partir com outra mulher, deixando-a com quatro filhos. Contou-me que o sucedido a tinha afundado completamente e que passara várias semanas abatida, encerrada na sua dor e negando-se absolutamente a viver. E um dia ouviu Jesus dizer-lhe interiormente: "Se não te levantares, os teus filhos nunca chegarão a ser homens". "Então — disse-me — tive a coragem de me refazer, de recomeçar a viver e a ocupar-me dos meus filhos. Não foi fácil, tive de lutar muito, mas o Senhor foi fiel e nunca me abandonou". E terminou com estas palavras: "Realmente, a vida não é o que se pensa aos vinte anos! Mas ao fim e ao cabo,

---

6    Citado em Paul Lebeu, *Etty Hillesum, un itinéraire spirituel*, Ed. Sal Terrae, 1999.

está cheia de presentes maravilhosos. O segredo está em aceitar tudo o que nos acontece".

Penso que este testemunho ilustra perfeitamente o propósito central deste livro: no meio das piores situações, há sempre uma chamada de Deus que, se a aceitamos, nos convida a viver, numa palavra, a tirar proveito de tudo.

## O valor de qualquer vida

Infelizmente, esta verdade é muito pouco reconhecida na cultura ocidental contemporânea, que dificilmente se apercebe do valor real de cada existência. Considera-se que a vida só merece ser vivida se formos ricos, jovens, se gozarmos de boa saúde, se tivermos sucesso em todos os terrenos, ou até se aparecermos na capa de uma revista de celebridades! Mas quando a vida traz a marca das dificuldades, da velhice ou do sofrimento, já não vale a pena. É uma bênção que a Igreja, fiel ao Evangelho, não cesse de proclamar o valor e o preço de qualquer vida, mesmo que não corresponda às normas atuais do êxito social.

Neste sentido, existem testemunhos muito bonitos, que devemos tomar em consideração para dilatarmos o nosso coração e as nossas ideias. Penso em Henri Nouwen, um brilhante professor universitário holandês que, tendo passado uma temporada na comunidade da Arca de Jean Vanier, descreve como o contacto com pessoas incapacitadas, acolhidas nessa comunidade, foi a fonte da sua conversão e de um extraordinário enriquecimento. Num dos seus livros[7], conta como a vida de Adam, um homem incapaz de falar e totalmente dependente dos outros para as ações da vida quotidiana, foi um imenso presente para todos os que o rodeavam, pela paz que infundia à sua volta e pela maneira como a sua presença recordava o essencial.

## O pecado é recusar-se a viver

Peçamos, pois, a Deus que nos ajude a identificar e curar as nossas recusas de viver.

O pecado é sempre de algum modo uma recusa de viver, sob numerosas formas, às vezes sutis: falta de esperança, apego a projetos ou satisfações de alcance muito limitado, a não aceitação do sofrimento, uma atitude fechada a Deus e aos outros, a desconfiança da graça única que é a nossa existência... Amemos e escolhamos a nossa vida, não uma vida sonhada e imaginada, mas a que Deus nos propõe dia após dia, e descobriremos todas as riquezas que nela se escondem.

Depois das considerações destes dois primeiros capítulos sobre a noção de chamada, gostaria de abordar as principais vias por meio das quais Deus nos dirige as suas chamadas, começando pela Sagrada Escritura.

---

7    Henri Nouwen, *Adam, God's beloved*, Orbis book, 1997.

# A PALAVRA DE DEUS E O SEU PODER DE INTERPELAÇÃO

> "Mal ponho os olhos no santo Evangelho, respiro imediatamente o aroma da vida de Jesus e sei para que lado hei de correr..."
>
> Teresa de Lisieux[1]

A Palavra de Deus transmitida pela Sagrada Escritura é um dos meios mais fundamentais de que Deus se serve para nos interpelar e comunicar-nos o dom da vida.

Ler a Sagrada Escritura com frequência não é um luxo reservado a pessoas que tenham tempo livre e gosto pela exegese. É uma necessidade absolutamente vital para todos os cristãos, sobretudo no mundo atual.

Vivemos num contexto de tanta instabilidade, de lutas e às vezes de confusão, que temos uma necessidade urgente de descobrir a Sagrada Escritura como fonte inesgotável de luz e de força, como farol e rocha para a nossa vida. A experiência mostra que há uma verdade e uma coragem que só podemos encontrar na adesão confiada à Palavra de Deus. Estou intimamente persuadido de que, nos tempos que hoje vivem a Igreja e o mundo, Deus, que jamais abandona o seu povo, quer

---

1   Santa Teresa de Lisieux, *Obras completas*, Manuscrito C.

CHAMADOS A VIVER

fazer-nos experimentar de um modo cada vez mais claro como a sua Palavra é para nós uma ajuda inestimável. *O céu e a terra passarão, mas as minhas palavras não passarão* (Lc 21, 33), diz Jesus quando evoca os cataclismos escatológicos que hão de assinalar o fim dos tempos.

Achar consolação, paz e luz na Palavra de Deus não é uma coisa reservada a certos privilegiados, ou uma experiência rara e excepcional, mas deve tornar-se uma realidade comum a todos os cristãos. Há algo de verdadeiramente surpreendente no modo como certos versículos da Escritura podem às vezes atingir-nos de uma maneira bem profunda e pessoal, e responder exatamente às necessidades de luz, de encorajamento e também de conversão que trazemos no mais íntimo do coração. É uma das experiências espirituais mais doces, mais belas e ao mesmo tempo mais habituais que chegamos a fazer como crentes. Quando um versículo da Sagrada Escritura, que até hoje não nos tinha chamado a atenção nem nos dizia nada de especial, de repente adquire um sentido que afeta muito profundamente a nossa vida atual, experimentamos verdadeiramente a fidelidade e a ternura do Senhor.

Para introduzir este tema, desejaria transcrever um belo texto do Concílio Vaticano II, extraído da constituição dogmática sobre a Revelação divina, *Dei Verbum*. Uma das finalidades que o Concílio se propôs foi encorajar todos os católicos a recorrer mais à Sagrada Escritura e a vencer definitivamente a relutância em pôr a Bíblia nas mãos de todos, que é uma das tristes consequências da reação católica a certos excessos da Reforma protestante no século XVI. É motivo de alegria observar que todos os movimentos espirituais nascidos depois do Vaticano II, como por exemplo a Renovação Carismática, se caracterizam por uma grande sede da Palavra de Deus. Mas deixemos falar os Padres conciliares:

> A Igreja sempre venerou as divinas Escrituras, tal como o fez sempre com o Corpo de Cristo, pois nunca cessou, sobretudo na sagrada liturgia, de tomar e distribuir pelos seus fiéis o pão da vida que é oferecido na mesa da Palavra de Deus e do Corpo de Cristo. A Igreja teve sempre por norma suprema da sua fé a Escritura unida à Tradição, já que, inspirada por Deus e escrita de uma vez para sempre, nos transmite imutavelmente a palavra do próprio Deus e faz ressoar a voz do Espírito Santo nas palavras dos Profetas e dos Apóstolos. É necessário, pois, que toda a pregação eclesiástica, como a própria religião cristã, seja alimentada e regida pela Sagrada Escritura. Nos Livros sagrados, o Pai que está nos céus sai amorosamente ao encontro dos seus filhos para conversar com eles. E são tão grandes o poder e a força da Palavra de Deus, que constituem, para a Igreja, o seu ponto de apoio e o seu vigor, e, para os filhos da Igreja, a força da sua fé, o alimento das suas almas, a fonte pura e permanente da sua vida espiritual. Por isso se aplicam perfeitamente à Sagrada Escritura estas expressões: *A palavra de Deus é viva e eficaz* (Hb 4, 12) e *tem o poder de edificar e dar a herança a todos os santificados* (At 20, 32; 1 Ts 2, 13). É preciso que o acesso à Sagrada Escritura esteja amplamente aberto aos cristãos[2].

---

2    *Dei Verbum*, cap. 6.

CHAMADOS A VIVER

Sublinhemos que, nesta bela passagem, o Concílio considera a Sagrada Escritura como alimento para os fiéis, tal como a Eucaristia. São Jerônimo dizia: Comemos a carne e bebemos o sangue de Cristo na Eucaristia, mas também na leitura das Escrituras[3].

Observemos também as expressões utilizadas para descrever o valioso presente da ternura do Pai que a Palavra é para nós: força da nossa fé, alimento da nossa alma, fonte pura e permanente da nossa vida espiritual.

Como não podia deixar de ser, João Paulo II fez-se eco do convite do Vaticano II. Para citarmos apenas um texto, eis uma passagem da Carta Apostólica *Novo Millenio Ineunte*, dirigida a toda a Igreja nos umbrais do terceiro milênio:

> É necessário, em particular, que a escuta da Palavra se torne um encontro vital, segundo a antiga e sempre válida tradição da *lectio divina*, que permite encontrar no texto bíblico a palavra viva que interpela, orienta e modela a existência.

Uma vez mais, são expressões simples, mas muito fortes.

Passo agora a fazer algumas considerações para animar à leitura frequente da Sagrada Escritura. Como é um dos meios privilegiados de que Deus se serve para nos fazer ouvir as suas chamadas, coincide com

---

3    Citado por Enzo Bianchi, *Orar a Palavra.*

o propósito central deste livro. De passagem, daremos também algumas indicações que nos ajudem a compreender e pôr em prática essa *lectio divina* a que alude João Paulo II, e que é uma leitura da Sagrada Escritura feita em clima de oração e no desejo de nela descobrir como Deus se dirige pessoalmente a cada um de nós. Não é necessário ser um sábio biblicista para praticá-la: os instrumentos essenciais são a oração, a fé e a disponibilidade do coração.

## A Sagrada Escritura convida a ler a Sagrada Escritura

A primeira observação é que é a própria Sagrada Escritura que nos convida a lê-la. Os exemplos são muitos, e limito-me a citar alguns.

No primeiro Salmo (o Saltério é a grande escola de oração da tradição judaica e, por conseguinte, da cristã), lemos: *Bem-aventurado o homem [...] que se compraz na lei do Senhor*[4] *e nela medita dia e noite.* E o Salmo oferece belas promessas a quem se entrega a essa meditação contínua da Palavra de Deus: *Será como uma árvore plantada à beira do regato, que dá fruto a seu tempo e cuja folhagem nunca murcha; tudo o que empreende, prospera.*

Quando falo deste tema, gosto de citar um texto da primeira Epístola de São Pedro:

---

4    "Lei' não tem aqui um sentido jurídico; é a *Torá*, o ensinamento, a palavra pela qual Deus propõe a sua aliança a Israel como caminho de vida.

*De coração puro, amai-vos uns aos outros sem desfalecer, pois renascestes não de uma semente corruptível, mas incorruptível: pela palavra de Deus, viva e eterna. Porque toda a carne é como o feno, e toda a sua louçania como a flor do feno: seca-se o feno e cai a flor; mas a Palavra do Senhor permanece eternamente. Ora, esta é a Palavra que vos foi anunciada pelo Evangelho. Despojai--vos, pois, de toda a malícia, de toda a astúcia, das hipocrisias, das invejas e de toda a sorte de maledicência. Como crianças recém--nascidas, desejai o leite espiritual não adulterado da palavra, a fim de com ele crescerdes para a salvação, se é que saboreastes quão suave é o Senhor* (1 Pd 1, 22-2, 3).

É um texto cheio de beleza porque evoca a força com que a Palavra pode gerar no homem uma vida nova, de amor e de santidade. Convida a desejar a Palavra com a avidez do recém-nascido pelo leite materno, sem o qual não pode viver nem crescer. Relaciona também a Palavra com a experiência sensível da bondade de Deus, ao citar o Salmo 34, que nos diz: *Saboreai e vede quão suave é o Senhor!* Sem cair na gulodice espiritual, temos uma necessidade absoluta de experimentar a bondade de Deus. Só isso pode situar-nos na confiança e fundir a dureza dos nossos corações. Penso que frequentar a Palavra de Deus é um meio privilegiado de saborear a doçura de Deus. A leitura da Escritura pode por vezes ser árida, mas se perseverarmos no desejo e na busca de Deus, cedo ou tarde descobriremos neste ou naquele versículo uma suavidade infinita que nos toca o coração, um gosto de Deus mais saboroso que qualquer outra coisa do mundo.

## Deus habita na sua Palavra

O grande mistério da Sagrada Escritura é que nos comunica a própria presença de Deus.

"Eu dou a minha pessoa no texto", diz o Talmud, num *midrash* (comentário judeu) sobre o Decálogo. Há nele uma verdade assombrosa: apesar da pobreza e das limitações da linguagem humana utilizada pelos escritores bíblicos, o Espírito Santo que os guiou fez das suas palavras o meio pelo qual Deus se une a nós verdadeiramente, com todo o seu amor, sabedoria e poder. Assim como na humilde humanidade de Jesus *habita corporalmente toda a plenitude da divindade* (Cl 2, 9), assim os textos da Sagrada Escritura transmitem misteriosamente alguma coisa da presença de Deus. Antes de converter-se no maravilhoso comentarista da Escritura que conhecemos — e que com as suas meditações alimentou toda a Idade Média —, Santo Agostinho foi durante bastante tempo alérgico à linguagem bíblica. Parecia-lhe tosca e vulgar, em comparação com os autores clássicos de que estava imbuído. Mas um dia, graças às catequeses de Santo Ambrósio de Milão, acabou por descobrir também os tesouros de sabedoria e amor escondidos na Bíblia.

Toda a tradição judaica, assim como a cristã, fez essa experiência. É certo que não podemos sacralizar o texto bíblico até ao excesso da literalidade, mas também seria muito impróprio abordá-lo como um texto qualquer, sem essa atitude de fé que nos faz considerá-lo como um lugar privilegiado em que Deus se torna realmente presente na nossa vida e se comunica aos nossos corações.

A consequência é que, quando deixamos com fé que as palavras da Sagrada Escritura ocupem os nossos pensamentos e penetrem no nosso coração, nos é concedida uma comunicação misteriosa da presença divina, porque Deus habita na sua palavra.

Nem sempre é o nosso caso: raramente vivemos de maneira plena as palavras que dizemos. Há ocasiões em que são superficiais, se não mentirosas. Quando digo a alguém: "Amo-te", posso *viver* essas palavras, dar-lhes todo o peso da minha liberdade, do meu compromisso e da minha fidelidade. Mas a mesma frase pode ser também uma mentira e não significar senão: "Apetece-me desfrutar de ti durante uns momentos". Deus, porém, é a verdade, vive plenamente cada uma das suas palavras e a elas se entrega por inteiro. Acolher no nosso coração a Palavra é, pois, acolher a presença de Deus, o amor sincero e verdadeiro que Ele tem por nós.

A escuta da Palavra faz-nos entrar na intimidade de Deus. Na vida de um casal, compartilhar e trocar umas palavras cria uma intimidade, um espaço de comunhão, de doação mútua, coroada de vez em quando pela entrega recíproca dos corpos. Do mesmo modo, a escuta da Palavra, o eco que desperta no nosso coração, a resposta de oração que dela brota, permitem que se crie entre Deus e cada alma um verdadeiro espaço de intimidade. Penso que isso é fundamental, sobretudo no caso das pessoas comprometidas com o celibato pelo Reino. Os momentos de *lectio divina* são momentos necessários e privilegiados para que se crie e se aprofunde uma verdadeira intimidade amorosa com Deus, sem a qual a vida consagrada perde todo o seu sentido. Ninguém que se comprometa ao celibato pelo Reino pode perseverar nesse compromisso sem a prática assídua da *lectio divina*, que torna a pessoa consagrada esposa do Verbo.

A meditação da Sagrada Escritura é o fundamento de toda a vida de oração autenticamente cristã. Por ela, Deus fala-nos e desperta em nós uma resposta. Assim se constrói o diálogo da oração. O bonito da Escritura é que nela Deus se dirige a nós de muitas maneiras, mas também nos dá as palavras para responder-lhe. Nós temos necessidade de encontrar as palavras para falar com Deus. Aquelas que usamos espontaneamente têm o seu valor, sem dúvida, mas a Sagrada Escritura propõe-nos também as suas expressões e a sua linguagem para nos dirigirmos a Deus, tornando-se assim a educadora da nossa oração. Por exemplo, que belo presente é para nós dispormos dos Salmos como apoio da nossa oração! São ao mesmo tempo muito humanos e muito espirituais, e neles se encontram todos os sentimentos que um coração humano pode conhecer: o desamparo, a angústia, a tentação de revolta, mas também a confiança cheia de paz, a esperança e a alegria mais exultante. Acabam sempre por fazer-nos entrar na confiança e na ação de graças[5].

Quanto mais a nossa oração se alimentar da Sagrada Escritura, mais autêntica e fecunda será: verdadeiramente humana e, ao mesmo tempo, capaz de nos pôr em comunicação com o mistério incompreensível de Deus. Quanto mais a Sagrada Escritura povoar a nossa memória e o nosso coração, tanto mais facilmente poderemos tender para a oração contínua a que somos chamados: *Orai sem cessar!* (1 Ts 5, 16).

## Palavra e discernimento

*A vossa palavra é uma lâmpada para os meus pés, Senhor,* diz o Salmo 118.

A meditação da Palavra de Deus é também vital, porque só ela pode iluminar a verdade mais profunda da nossa vida. Uma passagem da Epístola aos Hebreus põe em evidência este poder de discernimento próprio da Palavra de Deus:

> *Com efeito, a palavra de Deus é viva e eficaz, mais afiada que espada de dois gumes, e penetra até a divisão da alma e do espírito, até as juntas e medulas, e pode distinguir os sentimentos e pensamentos do coração. Não existe criatura alguma que lhe seja invisível. Tudo está nu e a descoberto aos olhos daquele a quem devemos prestar contas* (Hb 4, 12-13).

É como um espelho que permite ao homem conhecer-se na sua verdade, tanto no bem como no mal: denuncia

---

5 Veja-se Luiz Fernando Cintra, *Orar com os Salmos*, Quadrante, São Paulo, 2004, que oferece um roteiro sobre esses temas (N. do E.).

A PALAVRA DE DEUS E O SEU PODER DE INTERPELAÇÃO

os nossos compromissos com o pecado, as nossas ambiguidades, as nossas atitudes não evangélicas, mas faz também brotar o que há de melhor em nós, para libertá-lo e encorajá-lo. Atinge o ponto de divisão entre a alma e o espírito, ou, por outras palavras, permite discernir o que é elaboração psíquica — o que provém da nossa humanidade ferida — e o que procede do dinamismo do amor. Servindo-se dessa imagem do espelho, São Tiago convida-nos a debruçar-nos sobre a Palavra — que ele designa como *a lei perfeita da liberdade* — para nos mantermos abraçados a ela e acharmos a felicidade praticando-a (Tg 1, 25).

O contato assíduo com a Palavra provoca em nós crises salutares, produz um "juízo" (*krisis* em grego, termo que se encontra com frequência no Evangelho de São João), não para uma condenação, mas para uma conversão e uma salvação. Tenho para mim que certas passagens do Evangelho não têm por finalidade essencial dar-nos diretamente um ensinamento moral aplicável em todas as circunstâncias, mas antes "pôr-nos em crise", sacudir-nos e trazer à luz certos comportamentos que nos parecem normais e nos quais nos podemos encerrar. Penso, por exemplo, na parábola do dono da vinha que vai contratando operários desde o amanhecer até o fim do dia, e que dá a mesma retribuição a todos, aos que trabalharam uma hora como aos que suportaram o peso do dia e do calor, suscitando os protestos destes últimos (Mt 20, 1-6). Ou ainda em palavras como estas:

> *Eu, porém, vos digo: não resistais ao malvado. Pelo contrário, se alguém te ferir a face direita, oferece-lhe também a outra. Se alguém te citar em juízo para tirar-te a túnica, cede-lhe também a capa. Se alguém te obrigar a andar mil passos com ele, anda dois mil* (Mt 5, 39-41).

São textos que nos chocam, mas é um choque salutar, porque põe a descoberto os nossos cálculos humanos, os nossos temores e os nossos mecanismos de defesa e de proteção. Convidam-nos a levar a cabo um trabalho sobre nós mesmos e a abrir-nos à obra da graça nesses pontos: a estar tão enraizados na confiança em Deus que já não tenhamos necessidade de calcular ou de defender-nos incessantemente, mas sejamos capazes de amar em todas as circunstâncias. A Palavra ajuda--nos a evoluir pouco a pouco e a passar da sabedoria humana para a Sabedoria de Deus.

## A escuta da Palavra, condição da fecundidade da nossa vida

Uma das parábolas mais conhecidas do Evangelho evoca-nos a Palavra através da imagem da semente lançada à terra pelo semeador[6].

Põe-nos em guarda contra o que poderia tornar estéril a ação da Palavra de Deus na nossa vida: a falta de perseverança, bem como as tentações que provêm das preocupações, das riquezas e dos prazeres da vida. Mas o seu primeiro ensinamento consiste em trazer à

---

6 Encontra-se em cada um dos evangelhos sinóticos: Mt 13, 1-9; Mc 4, 1-9; Lc 8, 4-15.

luz a fecundidade da Palavra. Quando é *ouvida com um coração nobre e generoso, é retida e dá fruto pela constância* (Lc 8, 15), multiplica-se por cem.

Essa insistência na eficácia e fecundidade da Palavra já tinha sido expressa pelo profeta Isaías:

> *Assim como a chuva e a neve caem do céu e para lá não voltam sem ter regado a terra, sem a ter fecundado e feito germinar as p'antas, sem ter dado o grão com que semear e o pão que comer, assim acontece à palavra que sai da minha boca: não volta para mim vazia, sem ter executado a minha vontade e cumprido a sua missão* (Is 55, 10-11).

A história da Igreja está cheia de testemunhos de homens e mulheres que foram tocados por uma palavra de Deus e, impelidos por ela, se puseram em movimento e encontraram sentido e fecundidade para a sua existência na encarnação vivida dessa palavra.

Pensemos em Santo Antão, pai de todos os monges[7], esse camponês egípcio que, entrando na igreja da sua terra, se sentiu atingido pela palavra que estava a ser lida pelo sacerdote: *Se queres ser perfeito, vai, vende o que tens e dá-o aos pobres e terás um tesouro nos céus; depois, vem e segue-me.* (Mt 19, 21). Toda a fecundidade da sua vida, o imenso sucesso do novo gênero de vida que ele inaugurou na Igreja — a vida monástica — resultou de ter escutado e posto em prática essas palavras. Pensemos também na Madre Teresa de Calcutá, a quem a palavra de Jesus: *Tenho sede* levou a consagrar toda a sua vida

---

7    Nasceu em 251 e morreu em 356.

ao serviço dos pobres, com o poder de irradiação que conhecemos. A exortação apostólica *Vita Consecrata*[8] contém estas palavras: "A pessoa consagrada, seguindo os passos de Maria, a nova Eva, manifesta a sua fecundidade espiritual acolhendo a Palavra"[9]. Isso é uma verdade para todos os cristãos.

Pode-se dizer que o coração humano está feito para se deixar semear pela Palavra de Deus, que a vocação de cada homem ou de cada mulher é, em certo sentido, a de dar carne a uma palavra. A Palavra de Deus tem necessidade de se encarnar, de tornar carne; caso contrário, permanece abstrata e longínqua. Inversamente, toda a existência humana concreta tem a necessidade de se deixar fecundar pela Palavra; caso contrário, não passa de uma vida fechada em si mesma e sem significado eterno. Não há nada mais belo no mundo do que um coração humano que se abre a uma palavra, que persevera no desejo de vivê-la até ao fim, e se vê transformado e renovado pela Palavra da qual se fez morada. Esse é o mistério da Virgem Maria e da inimaginável fecundidade da sua vida: *Eis a escrava do Senhor; faça-se em mim segundo a tua palavra* (Lc 1, 38).

A Palavra de Deus e as chamadas que dirige têm o poder de despertar no coração do homem tesouros de generosidade, de amor e de coragem infinitamente mais vastos do que aqueles que a pessoa parece ca-

---

8    Exortação apostólica de João Paulo II sobre a vida consagrada, publicada em 1996.

9    *Vita consecrata*, n. 34.

A PALAVRA DE DEUS E O SEU PODER DE INTERPELAÇÃO

paz de alcançar por si mesma. Faz nascer nele novas fontes de vida e de dom de si capazes de surpreender o próprio beneficiado. Assim o vemos em diversas passagens de grande beleza do Evangelho. Penso especialmente na chamada dirigida a Levi, o futuro São Mateus.

Esse homem é um publicano, um desses colaboradores do conquistador romano para cujos cofres cobravam o imposto, desviando sem dúvida em proveito pessoal uma boa parte do dinheiro arrecadado. É desnecessário dizer que não gozavam do favor do povo e menos ainda dos judeus religiosos. Jesus passa por ele, quando estava sentado à mesa dos impostos, em pleno exercício da sua duvidosa profissão. Chama-o: *Segue-me!* O Evangelho continua: *Deixando tudo, levantou-se e seguiu-o.* Os amigos de Levi — os outros publicanos e as mulheres de má vida que serão os convivas do grande festim organizado algum tempo depois pelo recente apóstolo, festim do qual Jesus participará com grande escândalo dos fariseus — devem ter-se surpreendido com a sua súbita mudança de vida: eis que um homem cujo único interesse era enriquecer-se, por métodos que certamente provocavam o desprezo de todos, se converte da noite para o dia em discípulo de um rabi itinerante que prega o Reino de Deus! Não é coisa que se veja todos os dias! Posto isto, penso que a pessoa mais surpreendida de toda a história foi o próprio Levi. Ao receber a chamada que lhe era dirigida, sentiu emergir nele algo absolutamente novo: a coragem de abandonar o passado, a alegria de se dar por inteiro a uma aventura nova, a liberdade de já não ser o dono da sua vida, mas de deixá-la nas mãos de um Outro.

Tudo isto testemunha a eficácia da Palavra quando é recebida no coração. Levi poderia ter invocado muitas razões para "tirar o corpo" e dizer a Jesus: "Vá antes chamar algum outro, algum observante bom e honesto, porque, com o trabalho que faço, não sou digno de que o senhor se interesse por mim!" Mas cometeu a loucura — a sabedoria! — de aceitar o convite inesperado e assim teve a experiência de que a palavra que o convocava era ao mesmo tempo capaz de despertar nele tesouros de generosidade e desinteresse de que sem dúvida não se julgava capaz. É a ilustração da frase de Jesus: *Quem crê em mim, do seu seio brotarão rios de água viva* (Jo 7, 38).

## Palavra de Deus e combate espiritual, uma palavra de autoridade

No capítulo VI da Epístola aos Efésios, Paulo exorta os seus destinatários a assumir com confiança e coragem o aspecto de combate que faz parte integrante da vida cristã autêntica. *Fortalecei-vos no Senhor e na força do seu poder... Revesti-vos da armadura de Deus para que possais resistir às ciladas do demônio* (Ef 6, 10-11).

Um pouco mais adiante, o Apóstolo descreverá as diversas peças dessa armadura que devemos vestir para *resistir no dia mau e permanecer firmes*. A última que nomeia, e não a menor, é *a espada do Espírito, que é a Palavra de Deus*.

Isso convida-nos a ganhar mais consciência do valor da Sagrada Escritura como ajuda indispensável para enfrentar os combates e as provas desta vida. Tanto mais que, nesses combates, não estão em jogo apenas as forças e as realidades humanas, mas também, de um modo misterioso, as realidades de ordem espiritual: *Porque não é contra adversários de carne e sangue que temos de lutar, mas contra os principados e potestades, contra os dominadores deste mundo tenebroso* (Ef 6, 12).

É vital que possamos apoiar-nos na Sagrada Escritura nas nossas lutas. O Papa João Paulo II, na sua exortação apostólica *Novo Millenio Ineunte*, na qual propunha à Igreja o seu programa para o terceiro milênio, dizia que um cristão que não ora é um cristão em perigo[10]. De um modo análogo, eu diria que um cristão que não leia regularmente a Palavra de Deus é um cristão em perigo. É uma questão de vida ou morte: *Nem só de pão vive o homem, mas de toda a palavra que procede da boca de Deus* (Dt 8, 3). Há demasiada confusão na mentalidade dos que nos rodeiam e nos discursos que os meios de comunicação nos dirigem, e demasiada fraqueza em nós, para que possamos dispensar a luz e a força que bebemos na Bíblia.

Os Evangelhos sinóticos, especialmente o de Marcos, descrevem-nos o assombro que a autoridade da palavra

---

10 *Novo Millenio Ineunte*, n. 34.

de Jesus causava nas multidões: *Maravilhavam-se da sua doutrina, porque lhes ensinava como quem tem autoridade, e não como os escribas* (Mc 1, 22). E mais adiante: *Que é isto? Eis uma doutrina nova, proferida com autoridade: tanta, que manda aos espíritos imundos e eles lhe obedecem* (Mc 1, 7). Essa autoridade tem dois aspectos.

Por um lado, quer dizer que Jesus fala em nome próprio, e não apoiando-se na autoridade de qualquer outro. Separa-se assim do ensinamento habitual dos rabinos da sua época, que não afirmavam nada sem se referirem aos sábios que os tinham precedido (acrescentando, evidentemente, os seus próprios juízos). Jesus não é um elo na transmissão da Palavra: é a própria Palavra, na sua fonte e no seu curso.

O outro aspecto dessa autoridade da Palavra de Jesus é o seu poder e a sua eficácia. Quando expulsa um demônio, este foge sem poder resistir. Quando ordena ao mar revolto: *Cala-te, emudece!*, faz-se uma grande calmaria — não somente nas ondas, mas também no coração agitado e inquieto dos discípulos! Quando diz a uma pobre pecadora: *Os teus pecados te são perdoados*, a pessoa sente-se imediatamente outra, purificada e reconciliada em profundidade com Deus e com ela própria, revestida de uma dignidade nova e feliz de ser o que é.

Faz-nos bem contemplar essa autoridade da palavra de Jesus, porque ela não está aí para nos esmagar, mas, pelo contrário, para nosso bem, para nos servir. É autoridade contra o mal, contra os nossos inimigos, contra o Acusador. Autoridade em nosso favor, para nossa edificação e consolação. É indispensável aprendermos a apoiar-nos nessa autoridade da Palavra de Deus, que encerra uma força que nenhuma palavra humana possui.

Penso que todos nós sem exceção experimentaremos na nossa vida momentos em que essa autoridade benfazeja da Palavra de Deus será a nossa tábua de salvação. Passaremos por períodos de prova em que a única maneira de enfrentá-los será apoiar-nos, não nos nossos pensamentos e raciocínios — que manifestarão a sua radical fragilidade —, mas numa palavra da Escritura. O próprio Jesus, tentado pelo diabo no deserto, serviu-se da Escritura para lhe resistir. Se nos detivermos apenas no plano dos raciocínios e das considerações humanas, o Tentador será um dia mais astuto e mais forte que nós. Só a Palavra de Deus será capaz de desarmá-lo.

Todos fizemos ou faremos um dia esta experiência: se em certos momentos de aflição, de dúvida, de prova, permanecemos no nível da reflexão, não podemos sair desse estado. Se em situações de inquietação, relacionadas por exemplo com o futuro, procuramos acalmar essa inquietação amontoando raciocínios, corremos o risco de encontrar-nos num beco sem saída. Com efeito, nunca saberemos se ganharão os motivos que temos para nos preocuparmos ou os que temos para nos tranquilizarmos, a tal ponto a nossa razão é incapaz de prever e dominar tudo. O único modo de fazer inclinar a balança para o lado bom — o da confiança, da esperança e da paz — não é multiplicar os argumentos (sempre encontraremos um em sentido oposto), mas deixar que volte à nossa mente uma frase da Sagrada Escritura e apoiar-nos nela com fé: *Não vos preocupeis com o dia de amanhã* (Mt 6, 34), ou então: *Não temas, pequeno rebanho, porque foi do agrado do vosso Pai dar-vos o seu Reino* (Lc 12, 32), ou ainda: *Todos os cabelos da vossa cabeça estão todos contados* (Lc 12, 7).

A verdadeira paz não deriva da conclusão de um raciocínio humano. Só pode vir de uma adesão do coração às promessas de Deus que nos comunica a Palavra. Quando num momento de dúvida ou de confusão aderimos por um ato de fé a uma palavra da Escritura, a autoridade própria dessa palavra torna-se para nós um sustentáculo e uma força. Não se trata de uma varinha mágica que nos imunize contra todas as perplexidades e angústias. Mas cada crente pode fazer a experiência de que, na adesão confiante à Palavra de Deus, se encontra misteriosamente uma força que nenhuma outra nos pode proporcionar. Tem um poder especial para nos firmar na esperança e na paz, aconteça o que acontecer. A propósito da promessa de Deus a Abraão, a Epístola aos Hebreus recorda que *o juramento é a garantia que põe fim a toda a controvérsia* (Hb 6, 16). Acolhida com fé, a Palavra de Deus tem o poder de pôr fim às nossas irresoluções e ao vaivém dos nossos raciocínios incertos, para nos instalar na verdade e na paz. A esperança que essa Palavra nos proporciona é *a âncora da nossa alma, firme e sólida* (Hb 6, 19).

São inúmeros os exemplos de palavras da Escritura que podem ser para nós um valioso ponto de apoio nas nossas lutas. Se me vejo só e abandonado, a Sagrada Escritura grita-me: *Ainda que uma mulher se esqueça do seu filho, eu não te esquecerei!* (Is 49, 15). Se sinto Deus longe de mim, diz-me: *Eu estou convosco todos os dias até o fim do mundo* (Mt 28, 20). Se o peso do meu pecado me esmaga, responde-me: *Eu não me lembrarei mais das tuas faltas* (Is 43, 25). Se tenho a impressão de não dispor do que precisaria para progredir na vida, o salmo convida-me a fazer este ato de fé: *O Senhor é meu pastor, nada me faltará* (Sl 23, 1).

Não deixemos passar um só dia sem ler, ao menos por uns minutos, alguma passagem da Escritura. Às vezes, poderá parecer-nos um pouco árida e obscura, mas se a lermos com constância, com simplicidade e em oração, penetrará no mais fundo da nossa memória sem que tenhamos consciência disso. E no dia em que tivermos de enfrentar uma adversidade, vir-nos-á à memória um versículo ou outro, que será justamente a palavra na qual poderemos apoiar-nos para recuperar a esperança e a paz.

## A Palavra que alimenta a fé, a esperança e o amor

As três "virtudes teologais" — a fé, a esperança e o amor — são as armas de todo o combate espiritual.

Assim o exprime São Paulo na primeira Epístola aos Tessalonicenses, quando diz: *Tomemos por couraça a fé e a caridade, e por elmo a esperança da salvação* (1 Ts 5, 8).

Por um lado, são essas virtudes as que se questionam nos momentos de prova: Em quem puseste a tua fé? Onde puseste a tua esperança: em Deus ou nas tuas próprias forças? O teu amor é desinteressado? Por outro lado, toda a prova é um apelo para que façamos atos de fé, de esperança, para que amemos de um modo mais autêntico.

A Sagrada Escritura é uma força no combate, porque possui uma graça muito particular para estimular a fé, fortalecer a esperança, alimentar o amor.

Na Epístola aos Romanos, o mesmo Paulo oferece esta bela expressão: *Tudo quanto outrora foi escrito, foi escrito para nossa instrução, a fim de que, pela perseverança e pela consolação que dão as Escrituras, tenhamos esperança* (Rm 15, 4).

O texto mais significativo neste sentido é, sem dúvida, o relato dos discípulos de Emaús. Deixam Jerusalém, de rosto sombrio e coração pesado, com o sentimento de que todas as esperanças que tinham posto em Jesus se desmoronaram definitivamente. E eis que um desconhecido caminha com eles e lhes explica as Escrituras. No final do trajeto, e depois de reconhecerem o Senhor na fração do pão, sentir-se-ão tão renovados na sua fé e na sua esperança que percorrerão em sentido inverso o caminho que leva a Jerusalém para anunciar aos demais discípulos o seu encontro com o Ressuscitado, enquanto dizem um ao outro: *Não é verdade que o nosso coração ardia dentro de nós enquanto nos falava pelo caminho e nos explicava as Escrituras?* (Lc 24, 32).

Esse é o principal benefício da Palavra quando o Espírito Santo nos concede o dom do entendimento: desperta no coração o fogo da fé, da esperança e do amor.

## A Palavra que cura e purifica o coração

Estou convencido de que a Escritura, quando lida com frequência, de modo a penetrar progressivamente no nosso coração e memória, é a longo prazo uma fonte de profundas curas. Não é um remédio mágico e não dispensa certamente de um trabalho terapêutico sempre que necessário, mas tem um poder de cura para os que a frequentam assiduamente.

Essa é a experiência que fizeram os monges do deserto nos primeiros séculos da história da Igreja. Como Santo Antão, esses milhares de homens e mulheres partiram para a solidão do deserto, chamados pelo Espírito Santo a um combate espiritual que faria surgir pouco a pouco uma civilização cristã. Aspiravam a uma conversão pessoal, à pureza do coração, à busca de Deus pela oração contínua. E um dos seus meios privilegiados era a assimilação da Escritura, que eles se esforçavam por meditar dia e noite, e sobretudo por pôr em prática.

O fruto foi a experiência espiritual de que o estudo da Palavra e a sua interiorização na memória do coração é capaz de desmascarar nele os compromissos mais secretos com o mal, de o purificar e de desembocar pouco a pouco numa verdadeira reestruturação do psiquismo, que conduz à paz e à liberdade, verdadeiro caminho de humanização[11].

Há uma verdade antropológica, simples mas fundamental, que diz assim: o homem vive das palavras que o habitam. A nossa memória, consciente e inconsciente, é como um depósito de palavras que inspiram a nossa conduta e moldam a nossa identidade. Trazemos conosco todo um mundo interior, mais ou menos consciente, que tem um papel determinante nas nossas relações com o mundo, com as pessoas do nosso meio e conosco próprios. Essas palavras e discursos incrustaram-se em nós por caminhos muito diversos.

---

11  Vejamos como o biógrafo Santo Atanásio de Alexandria descreve o primeiro contacto de uns fiéis com Santo Antão, depois de anos passados em solidão: "Não tinha mudado de aspecto; não tinha engordado por falta de exercício nem emagrecido pelos jejuns e lutas contra o demônio; conservava-se tal como o tinham conhecido antes de retirar-se. Espiritualmente puro, não estava encolhido pela aflição nem dissipado pelo prazer; não havia nele nem riso nem tristeza. A multidão não o desconcertou, e tanta gente como a que o saudava não o deixou orgulhoso: sempre igual a si mesmo, governado pela razão, cheio de simplicidade... A sua alma estava em paz e os seus sentidos exteriores também se mostravam serenos; a alegria da sua alma transparecia no seu rosto feliz; os movimentos do seu corpo traduziam o sentimento e a ideia do estado do seu coração, segundo a palavra da Escritura: 'Um coração contente alegra o rosto' [...]. Nunca se perturbou, a sua alma mantinha-se serena; jamais estava sombrio, o seu espírito estava na alegria".

A PALAVRA DE DEUS E O SEU PODER DE INTERPELAÇÃO

São palavras que nos foram ditas quando éramos crianças e que se gravaram em nós. Ou uma série de crenças e convicções que fomos elaborando em reação a acontecimentos que marcaram a nossa história pessoal. Ou palavras que provêm da nossa educação, do nosso meio cultural. São ainda fragmentos desse fluxo constante de frases veiculadas pela vida social e pelos meios de comunicação, que conseguiram aninhar-se na nossa memória profunda.

Essas palavras podem tomar a forma de convicções (*Portanto...*), de injunções (*Você deve...*), de proibições (*Não convém que...*). A maioria das vezes, não nos fazem muito bem, porque nos fecham em nós mesmos e nos paralisam: *Nunca conseguirei... Não passo de um inútil... A vida é uma tragédia... Ninguém me compreende...* A lista seria interminável. Essas frases tiram-nos de nós mesmos e da realidade, falseiam a nossa relação com o mundo e com os nossos semelhantes.

A leitura frequente da Sagrada Escritura, pelo contrário, tem um efeito libertador e benéfico, porque é a própria Palavra de Deus que pouco a pouco vem habitar em nós. Meditada sem cessar, interiorizada no coração, desativa essas palavras negativas e vem substituí-las por palavras de confiança e encorajamento: *Tudo posso nAquele que me conforta!* (Fl 4, 13); *Para Deus, nada é impossível!* (Lc 1, 37); *Tu és o meu Filho bem-amado!* (Mc 1, 11). A Palavra de Deus é fundamentalmente uma palavra de esperança. É também uma palavra de verdade: introduz-nos numa relação justa com Deus, com o mundo, com os outros, conosco próprios. Purifica as faltas de esperança e de amor, assim como os maus pensamentos que mancham e obscurecem o coração.

Lida e compreendida no Espírito Santo, caracteriza-se ainda por ser sempre uma palavra de encorajamento, mesmo quando denuncia energicamente o pecado, como faz às vezes. Ler a Palavra de Deus não é um exercício anódino. Pode sacudir-nos como um verdadeiro terremoto e denunciar violentamente os nossos compromissos com o mal. Mas mesmo nesse caso não tem por fim condenar-nos, mas converter-nos e salvar-nos. Se desmascara o nosso pecado, diz-nos ao mesmo tempo que é possível sermos perdoados e que Deus não é *contra nós*, mas *por nós*, e que vai acompanhar-nos e sustentar-nos no nosso caminho de conversão.

É assim que se tem acesso à vida e à liberdade: aprendendo a viver não já dessa enxurrada de palavras negativas que nos habitam, mas do encorajamento e da riqueza da Palavra de Deus. Não é algo que se realize, evidentemente, em oito dias; é um trabalho de muito fôlego que exige uma grande paciência, mas no qual o Senhor pode fazer maravilhas.

## Palavra e identidade

Se a Palavra de Deus transmitida pela Sagrada Escritura se mostra tão benéfica, é porque robustece em nós

A PALAVRA DE DEUS E O SEU PODER DE INTERPELAÇÃO

a vida de filhos: ajuda-nos a entrar plenamente na nossa identidade de filhos de Deus. Vai-nos revelando pouco a pouco essa profunda identidade inalienável que é tão importante descobrir, porque, sem ela, corremos o risco de nos esgotarmos criando ao longo da vida identidades frágeis, artificiais, construídas sobre areia e não sobre rocha, incapazes de resistir às terríveis tempestades que se abatem inevitavelmente sobre qualquer existência. O que nos confere a nossa verdadeira identidade é a palavra que o Pai nos dirige.

Todas as palavras que recebemos da parte de Deus vêm de algum modo enriquecer e consolidar duas palavras fundamentais que constituem a nossa identidade. Não são palavras que tenhamos ouvido de maneira consciente, mas habitam no nosso ser profundo, porque o estruturam.

1. A primeira palavra, que já referimos no capítulo precedente, é a que nos faz passar do nada para o ser. É essa palavra profundamente amorosa, terna e misericordiosa, por meio da qual Deus nos concedeu a existência, dizendo-nos: "Vive! Quero que vivas!" É a primeira grande palavra de amor, a que está na raiz do nosso ser. Não se pode dizer verdadeiramente que a tenhamos ouvido, já que ainda não existíamos para podermos ouvi-la, e foi ela que nos fez existir. Mas a criação não é apenas um acontecimento passado, e sim um ato contínuo da parte de Deus, que não cessa de

## CHAMADOS A VIVER

nos conservar no ser: se por um instante Ele deixasse de nos amar e de pensar em nós, voltaríamos ao nada. Essa palavra é-nos dirigida, pois, permanentemente, e nós somos, ao longo de toda a nossa existência, os seus destinatários e interlocutores.

2. A segunda palavra é a que foi inscrita em nós quando fomos batizados. Prolonga e aprofunda a primeira, concedendo-nos o dom, não já da criação, mas de uma vida ainda mais rica: a vida da graça, a adoção filial em Cristo, a participação na vida trinitária[12]. Encontra a sua formulação na Sagrada Escritura, especialmente nas palavras com que encerra o relato do batismo de Jesus: *Tu és o meu Filho muito amado; em ti pus todas as minhas complacências* (Mc 1, 11). Essa palavra dirigida a Jesus estende-se a cada um de nós em virtude do nosso próprio batismo, pelo qual nos tornamos filhos no Filho.

Todas as palavras que Deus nos dirige têm por fim convidar-nos a acolher em plenitude a vida de filhos que nos foi concedida em Cristo. São um dom e uma chamada: o dom da filiação e a chamada para adotarmos cada vez mais as atitudes que permitem acolher plenamente esse dom: a simplicidade, a confiança, o abandono dos filhos muito pequenos, a disponibilidade em face da vontade divina, a oferenda da nossa vida na

---

12 Seria interessante precisar a relação entre criação e filiação: enquanto criaturas, nós já somos filhos de Deus, e pelo batismo chegamos a sê-lo de um modo novo. Sobre este tema, vejam-se as reflexões de Xavier Lacroix em *Passeurs de vie, essai sur la paternité*, Bayard, 2004.

ação de graças. Ao praticá-las, tornamo-nos cada vez mais o que realmente somos, conquistamos a nossa verdadeira identidade, colocamo-nos em contato com o nosso eu mais profundo.

O homem vive das palavras que o habitam. Terá uma vida empobrecida e diminuída se quiser governar-se por palavras negativas inscritas na sua memória superficial; ou uma vida rica e livre se acolher as duas palavras que acabamos de evocar, gravadas para sempre na nossa memória espiritual (e corporal) profunda, mas de algum modo "esquecidas" e com as quais deixamos de estar em contato. Toda a vida espiritual é como um trabalho da memória orientado para reatar o contato com essas duas palavras de graça.

Tocamos aqui uma questão que me parece de grande importância para o mundo de hoje. O homem não sabe a que — a quem! — deve a existência, e isso gera uma ferida muito profunda na consciência, uma angústia e uma insegurança de fundo, um sentimento de vazio e de nada.

Na cultura ateia e cientificista que nos invade atualmente, muitas pessoas têm a sensação mais ou menos confusa de que devem a sua existência a um conjunto de causas em que intervêm uns determinismos cegos — determinismos físicos ou biológicos, leis da evolução, associação de genes etc. —, ou então a um mero acaso: azares da vida, encontro fortuito de um homem e uma mulher que fizeram o amor juntos sem a intenção de dar origem a uma vida. Às vezes, chega-se até a ter a convicção de que se deve a vida ao fracasso de um método contraceptivo, à ruptura inopinada de um preservativo... Há psicólogos nos Estados Unidos que pensam ter identificado o "síndrome do sobrevivente", o mal-estar de um filho nascido numa família em que ocorreram bastantes abortos, e que se pergunta por que ele escapou e não os outros.

Quando nos dizem que a terra não é senão um pequeno planeta próximo de uma estrela de tamanho médio, situado num canto perdido de uma galáxia parecida com milhares de outras, e que talvez não haja tanta diferença entre o homem e o animal como se acreditava antes, custa a compreender de que modo uma pessoa possa viver com o sentimento de ter sido amada e querida[13]. Acaba-se por chegar, de uma maneira mais ou menos explícita, ao sentimento de que sobramos no universo e de que este poderia muito bem passar sem nós. Cume e finalidade do universo na perspectiva bíblica, o homem converte-se em última análise num produto irrisório e inútil do cosmos.

Isso introduz na consciência das pessoas uma ferida profunda, como se vê em muitos jovens de hoje. E cria uma dificuldade para aceitarmos a vida e nos aceitarmos a nós mesmos tal como somos. A evolução da cultura

---

13 Aludo a certas descobertas da ciência moderna. Não se trata de desqualificá-las, antes pelo contrário. Tudo o que sabemos hoje acerca do universo, da sua evolução, das leis da genética, são dados apaixonantes e mesmo, para os crentes, um testemunho maravilhoso da sabedoria do poder de Deus. Mas, num contexto ateu, essas mesmas verdades científicas podem ter efeitos destrutivos para a consciência da pessoa e o seu modo de situar-se na existência.

moderna põe em evidência esta verdade: a rejeição de Deus acaba por levar inexoravelmente ao fastio em relação a nós mesmos...

Há sem dúvida muitas crianças que foram queridas pelos seus pais, ou ao menos recebidas com amor. Essa é uma boa base para enfrentar a vida com confiança. Mas não é o caso de muitas outras e, de qualquer modo, a nossa consciência sofre o influxo do clima da cultura que nos rodeia.

A única coisa capaz de curar essa ferida da consciência, esse sentimento de sobrarmos no mundo, é entrarmos na vida de filhos pela descoberta da paternidade divina. Sejam quais forem as circunstâncias em que fui concebido e nasci, se eu existo, é em última instância porque fui querido, escolhido, amado por um amor cuja ternura, pureza, desinteresse e generosidade ultrapassam tudo o que se possa imaginar: o amor do Deus criador. Só esse amor pode reconciliar-nos em profundidade com a vida, conosco próprios e com o mundo.

Temos uma urgente necessidade de reatar o contato com a nossa origem[14]: o ato criador de Deus. Um contato que não seja apenas adesão intelectual a uma doutrina abstrata, mas experiência viva. É o que nos proporciona a Palavra de Deus quando nos toca o coração. Com efeito, a Sagrada Escritura permite-nos um acesso vivo e concreto a essa palavra

---

14    Pergunto-me às vezes se um dos componentes do frenesi do sexo no mundo de hoje não se deverá à necessidade de recuperar o contato com a origem.

já misteriosamente inscrita em nós, na nossa memória profunda e na nossa carne: *Eu te disse: Vive!* (Ez 16, 6). *Porque contas muito aos meus olhos, és de grande preço e te amo* (Is 43, 4).

## Algumas considerações mais práticas

Quereria terminar com umas considerações práticas este capítulo sobre o encontro com a Palavra de Deus como lugar privilegiado de interpelação e de crescimento espiritual. Num anexo deste livro, proporei também um método simples para a *lectio divina*.

Para que a leitura assídua da Sagrada Escritura seja fecunda, parece-me que se deve prestar atenção aos pontos que se seguem:

1. A leitura deve ser feita em clima de oração. Só o Espírito Santo pode fazer-nos compreender o sentido vivo e profundo da Sagrada Escritura. A oração humilde, perseverante e confiada é a base de toda a exegese.

2. É necessária também uma atitude de fé: crer que Deus deseja realmente encontrar-se conosco e falar-nos pessoalmente através da Sagrada Escritura. Não é preciso sermos sábios para isso. Teresa de Lisieux não fez grandes estudos bíblicos (embora tivesse gostado de aprender grego e hebreu, porque a intrigavam as diferenças na tradução), mas isso não a impediu de ter uma compreensão profunda de certas passagens da Bíblia. Foi na Sagrada Escritura que ela encontrou todas

as grandes intuições espirituais que lhe mereceram o título de Doutora da Igreja.

> É acima de tudo o Evangelho que me alimenta durante as minhas orações. Nele descubro sempre luzes novas, sentidos ocultos e misteriosos[15].

Assim o experimentava porque, a par de uma imensa confiança, tinha uma grande sede de verdade e um enorme desejo de se deixar instruir por Deus.

3. A terceira condição, a que já aludimos, é um verdadeiro desejo de conversão. Trata-se de querer absolutamente que a Palavra de Deus nos converta e desmascare o nosso pecado para nos fazer amar a Deus e o próximo com um amor mais autêntico. A chave da fecundidade da *lectio divina* é este desejo de conversão. Não se lê a Palavra para fazer turismo espiritual, adquirir cultura bíblica ou preparar belas homilias, mas para pô-la em prática. É esta atitude que caracteriza o espírito com que os Padres do deserto liam a Escritura. Num apotegma, conta-se o seguinte episódio:

> Alguém procurou o *abba* Pambo e pediu-lhe que lhe ensinasse um salmo. Pambo começou a explicar-lhe o Salmo 38, mas mal pronunciou o primeiro versículo: *Eu disse para mim mesmo: Velarei sobre os meus atos, para não tornar a pecar com a língua*, o irmão não quis ouvir mais. Disse a Pambo: "Esse versículo basta-me; praza a Deus que eu tenha forças

---

15    Santa Teresa de Lisieux, *Obras completas*, Manuscrito A, folha 83, verso.

para aprendê-lo e pô-lo em prática". Dezenove anos mais tarde, continuava a esforçar-se nesse ponto[16].

Procuramos a Sagrada Escritura para que o contato com ela mude o nosso coração e a nossa vida. Ler a Palavra é correr um risco: o risco de que nos julgue profundamente e nos diga coisas que não gostaríamos de ouvir. Não somos nós que trabalhamos a Bíblia, é a Bíblia que nos trabalha.

Quando a lemos com essa disposição, não é de estranhar que tenhamos surpresas. Pode haver versículos que não nos abandonem durante semanas, por sentirmos que nos pedem uma urgente conversão. Lembro-me de que um dia, na minha leitura, me feriram intimamente as palavras de São Paulo: *Sendo livre de todos, fiz-me servo de todos* (1 Cor 9, 19). Fizeram-me refletir durante dias e dias! Sou verdadeiramente livre de quem quer que seja? Livre afetivamente? Livre da opinião dos outros? E na vida diária, faço-me realmente servo dos meus irmãos e irmãs?

4. Outro ponto: se é necessário e normal que a leitura da Sagrada Escritura nos fale de maneira pessoal, também devemos estar atentos a que não seja uma leitura demasiado individualista. O que pensamos descobrir nela deve ser sempre confrontado com o ensinamento da

---

16    Citado por irmã Marie Pascale, religiosa cisterciense, numa bela instrução sobre a *lectio divina*. Disponível em Internet: http://users. skynet.be/scourmont/ Armand/wri/lectio-fra.htm.

A PALAVRA DE DEUS E O SEU PODER DE INTERPELAÇÃO

Igreja e recebido na comunhão com todos aqueles que, conosco, fazem parte do corpo de Cristo. Não devemos esquecer que o primeiro lugar de recepção da Palavra é a liturgia da Igreja. Se julgamos captar num ou noutro texto uma chamada pessoal, e se trata de uma opção que pode ter repercussões importantes na nossa vida, é preciso ter sempre a prudência de pedir a confirmação de um conselheiro espiritual.

Temos de evitar também uma interpretação demasiado literal ou demasiado fundamentalista do que lemos, uma interpretação que menospreze a intervenção da inteligência, dos conhecimentos teológicos, da comunhão eclesial. Em última instância, toda a compreensão da Palavra deve estar submetida ao controle da razão, não da razão num sentido estreitamente racionalista, mas de uma inteligência aberta ao mistério, esclarecida pela fé e em comunhão com o pensamento da Igreja.

# OS ACONTECIMENTOS DA VIDA

> "Senhor, Vós falais particularmente a todos os homens por meio do que lhes acontece de momento a momento"[1].

Depois de ter falado da Sagrada Escritura e da Palavra de Deus que ela nos transmite, desejaria abordar agora uma segunda via pela qual nos podem ser dirigidas as chamadas de Deus, a saber, os acontecimentos da vida.

Observemos de passagem que, em hebreu, a palavra *davar* tem dois significados: palavra e acontecimento. E compreende-se: o encontro com a Palavra, se for autêntico, é um verdadeiro acontecimento. E em sentido inverso, todo o acontecimento é uma palavra. Acrescentemos também que, com muita frequência, são as luzes que obtemos da Sagrada Escritura as que nos permitem distinguir qual é a palavra, a chamada que nos é dirigida através deste ou daquele acontecimento, e de que modo somos convidados a acolhê-lo.

A verdade de base em que assenta tudo o que vamos considerar é a seguinte: não há na nossa vida nenhum acontecimento que não contenha de uma maneira ou de outra uma chamada de Deus. É uma chamada que nos

---

1 *L'abandon à la providence divine*, atribuído a Jean-Pierre Caussade, DDB, 2005, p. 137.

convida a crescer, a evoluir em determinada direção, a converter-nos...[2]

É claro que nem todas as circunstâncias são queridas diretamente por Deus. No entanto, a Sagrada Escritura convida-nos a pousar um olhar de fé sobre todo o desenrolar da nossa vida, a crer que Deus está presente em tudo e que pode fazer concorrer tudo para o nosso bem, mesmo as situações mais difíceis e escandalosas. Os santos são absolutamente unânimes em dar testemunho da sua profunda confiança em que tudo está nas mãos da Providência divina, que só deseja o nosso bem e utiliza todas as coisas com uma sabedoria admirável.

Mas para fazer com que tudo contribua para o nosso bem, Deus precisa do nosso consentimento, da cooperação da nossa liberdade, e por isso a solicita de um modo discreto e misterioso, mas real. Cada acontecimento pode assim ser recebido e entendido como uma interpelação de Deus, seja qual for a sua causa, mesmo que resulte de um erro ou de um pecado.

Trata-se de uma verdade fundamental. Contudo, esconde o risco de ser mal compreendida, e convém estarmos atentos. Com efeito, pode induzir-nos a querer interpretar tudo o que se passa na nossa vida de um modo precipitado, dando a tudo um sentido espiritual, o que

---

2 Evidentemente, isto é verdade para todos os homens, não apenas para os que são explicitamente crentes. A vida é uma escola para qualquer homem e mulher. Uma escola difícil e exigente, mas afinal de contas cheia de sabedoria. Há os que se deixam educar com confiança e docilidade, e esses progridem muito. Há os que se encerram em revoltas e amarguras... Mistério da liberdade humana.

seria cair na tentação de um certo fundamentalismo ou fatalismo, e abrir a porta a inúmeras ilusões.

O sentido das coisas que vivemos escapa-nos com muita frequência. Eis por que as chamadas que Deus nos dirige através delas devem emergir pouco a pouco, ser discernidas com prudência e não ser confundidas com alguma coisa que seria, afinal, uma projeção cultural ou psicológica, uma interpretação pseudo-espiritual abusivamente aplicada aos acontecimentos. O essencial, como veremos, não é interpretar todas as situações, mas acolhê-las e vivê-las com fé, mesmo que não as compreendamos.

Outro perigo seria também o de cairmos numa atitude escrupulosa que nos impeliria a querer encontrar absolutamente um sentido em todas as coisas, pelo receio de passar ao largo da vontade divina — um receio enraizado na necessidade psicológica de segurança —, o que nos afastaria da simplicidade e da liberdade dos filhos de Deus.

Trata-se, pois, de um ponto delicado. Mas nem por isso devemos deixar de lado a verdade básica que afirmamos aqui. Em última instância, é essa presença das chamadas de Deus que nos permite encarar positivamente todas as situações e que nos abre um caminho de liberdade[3] e de vida em qualquer

---

3   Poderia estar aqui a definição de liberdade: a capacidade de vivermos positivamente qualquer situação, de não ficarmos aprisionados nela nem esmagados por ela, mas de nela encontrarmos um caminho de crescimento e de uma vida mais profunda e autêntica. É nisto precisamente que consiste a liberdade, a gloriosa liberdade dos filhos de Deus, aquela que Cristo nos adquiriu pela sua morte e ressurreição.

circunstância, mesmo na mais desesperadora no plano das aparências.

A afirmação segundo a qual qualquer acontecimento que nos atinge traz em si uma certa chamada de Deus é uma verdade de fé: procede da Sagrada Escritura e não pode basear-se unicamente numa demonstração racional. Mas, como todas as verdades de fé, é extremamente fecunda e libertadora. É o que procurarei desenvolver agora.

## Os acontecimentos felizes, um convite à gratidão e à entrega

Comecemos pelos acontecimentos positivos, gratificantes, pelos pequenos ou grandes presentes que a vida nos faz com frequência.

Em primeiro lugar, são portadores de um convite à ação de graças, ao reconhecimento. A felicidade que proporcionam será ainda maior se correspondermos a essa chamada. Há uma alegria em receber, mas uma alegria muito maior em agradecer o dom recebido. Esta atitude de reconhecimento é bela porque é de justiça — o contrário seria a ingratidão —, porque aprofunda a relação com o doador, e também porque dilata o coração e desse modo o torna disponível para receber outras graças. Abre a dons posteriores e permite experimentar ainda mais a generosidade de Deus. Assim o entendia Santa Teresa de Lisieux quando aconselhava à sua irmã Céline:

## OS ACONTECIMENTOS DA VIDA

> O que mais atrai as graças de Deus é o reconhecimento, porque, se lhe agradecemos um benefício, Ele se comove e se apressa fazer-nos outros dez, e, se continuamos a manifestar-lhe o nosso agradecimento, que multiplicação abundante de graças! É esta a minha experiência. Experimenta-o tu e verás! A minha gratidão por tudo o que o Senhor me dá é ilimitada, e eu lho demonstro de mil maneiras[4].

Os presentes de Deus são também um convite à confiança, à aceitação da vida, à partilha, à responsabilidade de tornar fecundo o dom recebido. São uma chamada para que nos demos em troca, com a mesma generosidade com que fomos agraciados.

## Os acontecimentos dolorosos, convites para que cresçamos

Passemos agora ao capítulo, mais delicado, dos acontecimentos dolorosos.

Também eles contêm chamadas, com conteúdos bem diferentes segundo as circunstâncias. Podem ser um convite à fé, à esperança, à paciência, à coragem, a um ato de perdão, à aceitação das limitações pessoais etc. A lista é interminável. Mas há sempre um ponto específico que é a chamada fundamental, que importa descobrir e que não é por força o que pensamos espontaneamente.

Quando nos encontramos numa situação difícil, a coisa mais importante e mais libertadora não é resolvê-la — o que, aliás, costuma estar fora do nosso alcance —,

---

4    Ir. Geneviève de la Sainte Face, *Conseils et souvenirs*.

mas compreender e seguir a chamada que ela nos dirige. No começo, nem sempre somos capazes de distingui-la com clareza, mas podemos discerni-la pouco a pouco se aceitamos essa situação e nos perguntamos sinceramente o que Deus espera de nós.

Quando o Evangelho nos diz que Jesus é o caminho (cfr. Jo 14, 6), oferece-nos uma das mais belas palavras de esperança que existem. Essa expressão não quer dizer somente que os seus preceitos são "postes indicadores" no itinerário da vida; quer significar que não há circunstância alguma em que a presença viva de Jesus, mesmo oculta, não seja capaz de nos orientar, de nos tirar dos nossos atoleiros, de nos dar forças para avançar, nem que seja passo a passo, dia após dia. O Salmo 30 contém esta bela frase: *Não me entregastes às mãos dos meus inimigos, mas abristes uma passagem diante dos meus pés* (Sl 30, 9).

Sublinhemos ainda um ponto essencial: o auxílio que o Senhor nos traz numa determinada situação não é nunca um passe de mágica, uma intervenção que se deva receber passivamente para que tudo corra melhor. Quando Deus age em nós, não o faz nunca sem nós, sem convidar a nossa inteligência a ver as coisas de um modo novo, a nossa liberdade a fazer escolhas e a buscar novos posicionamentos. Por outras palavras, nenhuma intervenção divina na nossa vida deixa de passar por uma certa chamada à conversão. "Eu te criei sem ti — disse o Senhor a Santa Catarina de Sena —, mas não te salvarei sem ti".

## Formular as perguntas certas

Quando passamos por um período de prova, surgem em nós muitas perguntas: "Como sair disto?", "Quanto tempo vai durar?", ou ainda: "Por que me encontro nesta situação?", "Quem tem a culpa do que me acontece?", "Quem é o responsável?", "É normal que isto aconteça?" São todas perguntas que têm em parte o seu fundamento, e conduzem a respostas que podem ajudar-nos a resolver as dificuldades com que deparamos.

Mas o problema que essa série de perguntas levanta é que nem sempre têm resposta... São legítimas e até necessárias, mas podemos ficar encerrados nelas indefinidamente. Pode-se passar a vida a tentar, por exemplo, pôr em evidência a responsabilidade deste ou daquele numa situação concreta, sem que as coisas se esclareçam com toda a nitidez, tão complexas são às vezes as realidades da vida. Por outro lado, é preciso saber que a salvação não reside necessariamente em ter uma resposta para todas essas perguntas[5]. A salvação, o caminho de vida, será com frequência ter a coragem de deixar sem resposta certas perguntas legítimas — o que é sempre doloroso — e colocar-se num outro nível de

---

5   A este respeito, é bom lembrar-se de um ponto fundamental: não é o conhecimento que salva, mas a fé. O que salva — dizendo de outro modo: o que faz crescer e avançar de maneira positiva e fecunda — não é saber tudo e explicar tudo, deslindar completamente os fios de todas as situações, conhecer os dados e os resultados, identificar claramente as responsabilidades etc. É antes achar numa determinada situação a atitude adequada, aquela a que Deus me convida e que eu posso descobrir se me situo numa perspectiva de fé. A fé consiste em aceitar essa situação com confiança e submeter a minha conduta ao Espírito Santo.

indagação: "Em última análise, o que é que Deus espera de mim em tudo isto?"

Esta mudança de nível pede necessariamente uma certa conversão, porque estamos terrivelmente aferrados à necessidade de querer compreender tudo. Mas a grande vantagem dessa nova pergunta é que cedo ou tarde terá uma resposta. Quando procuramos sinceramente a vontade de Deus, sempre acaba por manifestar-se. "Deus antes faria falar as pedras, do que não manifestar a sua vontade aos seus filhos que o procuram com confiança", diz Jean-Jacques Olier, fundador da Companhia dos Padres de São Sulpício[6].

No meu trabalho de aconselhamento espiritual, tenho notado com frequência que, quando uma pessoa que se encontra numa situação difícil se dispõe a não compreender tudo, a não dominar tudo, e começa a aceitar a situação perguntando-se muito simplesmente o que Deus espera dela no momento presente, recebe pouco a pouco uma luz (por exemplo, fazer um ato de confiança, perdoar, cumprir um propósito de oração...). E a adesão a essa luz produz um efeito imediato de serenidade, de liberdade: a pessoa já não se sente prisioneira ou vítima da situação — ainda que esta continue a ser externamente a mesma —, retoma de um modo responsável as rédeas da sua vida, caminha e pensa nas medidas a tomar, e reencontra também uma certa coragem, porque percebe em que sentido há de

---

6   Citado em B. Pitaud e G. Chaillot, *Jean-Jacques Olier, directeur spirituel*, Cerf, p. 243.

OS ACONTECIMENTOS DA VIDA

mobilizar as suas energias. O futuro abriu-se de novo diante dela...

Guardo na memória um exemplo vivido há alguns anos. Nos retiros espirituais que costumo pregar, deparo frequentemente com pessoas que me procuram para uma conversa que, em geral, não dura mais de três quartos de hora. Certa vez, fui procurado por uma jovem mulher, que me disse: "Padre, tudo vai mal na minha vida; é uma verdadeira catástrofe!" Visto humanamente, não era um exagero. Escutei-a com a maior atenção; é essencial que uma pessoa que sofre se sinta verdadeiramente ouvida e compreendida na sua dor. Acabava de ser abandonada pelo noivo, não encontrava trabalho, tinha problemas com a família e um péssimo relacionamento com o pai etc. Enquanto a escutava, dizia dentro de mim, como costumo fazer quando ouço histórias dolorosas: "Meu Deus, que posso fazer para ajudá-la?" Diante de certas situações, sentimo-nos terrivelmente pobres. Mas, felizmente, a graça está aí.

A conversa foi evoluindo até que acabou por levar a um ponto: de momento, a coisa mais importante era que ela se dispusesse a perdoar ao pai. Quanto às outras dificuldades (trabalho, vida afetiva...), não havia evidentemente nenhuma solução imediata e era preciso pôr as coisas nas mãos do Senhor. Mas a chamada de Deus era clara: "Perdoe ao seu pai e, quanto ao resto, confie em Mim". Depois de rezarmos juntos uns instantes, arrependeu-se dos seus ressentimentos e teve a coragem de se decidir a perdoar e a pôr nas mãos de

Deus os outros aspectos da sua vida. Retirou-se serena e contente: tinha compreendido a opção que lhe cabia fazer naquele momento e, ao mesmo tempo, tinha recuperado a confiança em Deus e em si mesma.

Depois que se retirou, pensei que essa jovem já poderia dizer: "Tudo vai bem na minha vida", isto é, exatamente o contrário do que dizia uma hora antes. Com efeito, se eu sei o que tenho de fazer hoje, se me decido a fazê-lo e abandono o amanhã nas mãos da Providência divina, tudo vai bem. Que mais posso fazer? Mesmo que restem muitos problemas por resolver, hoje dei o passo que tinha que dar. Amanhã darei outro: a cada dia basta o seu próprio cuidado.

Nem sempre as coisas se passam de um modo tão simples, mas em qualquer caso sinto-me muito comovido ao ver como Deus concede graças de luz e de paz àqueles que procuram sinceramente situar na verdade a sua vida e que, para isso, pedem ajuda e conselho. É interessante sublinhar que, em quase todas as conversas deste gênero, há ao longo do diálogo um deslocamento progressivo nos pedidos da pessoa. Esquematicamente, o primeiro pedido é habitualmente este: "Tenho um sofrimento e espero do senhor uma solução para deixar de sofrer". É claro que, com essa perspectiva, se está quase sempre num beco sem saída. Mas, pouco a pouco, a ação discreta do Espírito Santo faz evoluir para uma outra pergunta: "O que é que Deus me pede em tudo isto?" Ou, numa formulação idêntica: "Qual é a maneira mais acertada de me situar nesta circunstância da minha vida?" Ou ainda, de um modo absolutamente equivalente: "Qual é a atitude em que há mais fé, mais esperança e mais amor?" Pode-se então obter uma resposta, não forçosamente uma solução que dure, mas ao menos a luz para o passo de hoje. E isso basta.

Para resumir tudo isto numa palavra, direi que, em face de quaisquer circunstâncias problemáticas, o que faz avançar não é tanto a busca de soluções, mas a escuta das chamadas que nos são dirigidas de dentro da situação. *Schema, Israel, escuta Israel!* Poderíamos dizer que é preciso passar da nossa pergunta para a de Deus. Passar da pergunta: "O que é que exijo da vida?" para: "O que é que a vida exige de mim?"

Esta pequena "revolução copernicana" muda tudo... Podemos decliná-la de muitas maneiras, conforme as circunstâncias. Às vezes, consistirá em passar de: "O que é que espero do meu entorno?" para: "O que é que o meu entorno espera de mim?", ou para alguma coisa análoga. De qualquer modo, esta conversão do olhar é sempre necessária e sempre fecunda. Lembremo-nos, de passagem, de que o Evangelho nos convida com frequência a esta mudança de perspectiva, por exemplo quando Jesus nos diz: *Tudo o que quiserdes que os homens vos façam, fazei-o vós a eles. Esta é a Lei e os Profetas* (Mt 7, 12).

## Verdadeiras e falsas respostas

Desejaria fazer agora algumas observações para completar as considerações anteriores.

A resposta à pergunta: "Qual é a chamada que me é dirigida nesta situação?" não pode ser inventada a priori, não se situa somente na ordem de uma projeção psicológica. Não é uma resposta já pronta como as que obtemos com muita frequência. Pertence à ordem do dom, da graça. Recebemo-la como fruto da abertura do coração e da oração. Descobrimo-la muitas vezes remetendo-nos à Palavra de Deus. E costuma fazer-se acompanhar de uma espécie de surpresa, de novidade, que é a marca da ação do Espírito.

Perante as diversas situações, acontece que temos respostas prefabricadas. Nascem dos nossos esquemas culturais, dos nossos modos habituais de pensar, de estratégias que fomos elaborando em face da vida, de automatismos que nos condicionam. À primeira vista, podem parecer-nos muito espirituais e muito edificantes, e no entanto não passarem de uma elaboração psicológica dos nossos medos, do nosso perfeccionismo, de ideias falsas que fizemos acerca da vontade de Deus.

Para ganharmos distância em relação a tudo isso e captarmos as verdadeiras chamadas de Deus, é importante aprendermos a conhecer-nos a nós mesmos e a abrir-nos a outras pessoas que, com frequência, verão mais claro que nós. Quando se tem experiência na tarefa de aconselhar espiritualmente as pessoas, em geral percebe-se bastante rapidamente o que procede de Deus e o que procede da "carne", no sentido paulino do termo, isto é, do psiquismo ferido.

Diante das dificuldades da vida, uma pessoa pode, por exemplo, tender automaticamente a autoacusar-se. Outra julgar-se-á sempre obrigada a cerrar os dentes e esperar que a situação passe. Outra será tentada a acusar e atribuir a culpa aos outros. Outra pensará ser chamada a um heroísmo que não é de maneira nenhuma o que Deus lhe pede. Outra terá um medo terrível de mostrar-se fraca, porque sempre lhe exigiram que fosse forte. Alguns negar-se-ão a abrir os olhos à realidade, outros fugirão para a frente. Poderíamos multiplicar os exemplos. Tudo isso dá a maioria das vezes frutos de rigidez, de desassossego e de tensão.

As respostas que procedem do Espírito, pelo contrário, têm estas características: harmonizam-se com a Palavra de Deus, têm um sabor evangélico de doçura, de humildade, de paz, uma nota de simplicidade e de realismo. Têm também um aspecto de frescor e novidade. Suscitam um clima de confiança e estímulo. Mesmo que exijam esforço e coragem, não se configuram como injunções que se impõem de fora, mas sob a forma de um impulso interior que respeita a liberdade. Fazem-nos sair dos nossos cenários repetitivos e operam verdadeiras mudanças. Introduzem na nossa vida essa novidade que só Deus pode produzir.

Há um belo exemplo disto na graça que Teresa de Lisieux recebeu aos catorze anos, na noite de Natal de 1886. Uma graça sem a qual, como ela mesma reconhece, teria sido incapaz de corresponder à sua vocação para o Carmelo. Umas vezes fala dela como uma graça de conversão, outras como uma graça de cura, o que é plenamente coerente com o que acabamos de dizer. O episódio é muito conhecido[7].

Aos catorze anos, Teresa manifesta uma vida espiritual muito autêntica e um imenso amor por Jesus. Mas revela também uma grande imaturidade afetiva. É uma menina hipersensível, chora por nada, mostra uma necessidade exagerada de atenção e aprovação do pai e das irmãs. Após regressarem da missa do galo, tem lugar a tradicional distribuição dos presentes, para a qual Teresa se prepara com alegria. Enquanto sobe a escada para deixar o chapéu, seu pai, o Sr. Martin, cansado e sem dúvida um pouco contrariado por ter de continuar a tratar a sua filha caçula como uma criança, não tem nenhuma vontade de participar da festa e desabafa: "Enfim, felizmente é o último ano!" Todos receiam que, ao ouvir essas palavras, Teresa reaja como habitualmente e se desfaça em lágrimas, estragando a alegria familiar. Mas nessa circunstância banal a futura santa percebe uma chamada de Deus: sair dos limites da infância, vencer a sua emotividade, esquecer-se de si própria e descer tão feliz como se não tivesse ouvido nada. Resolve comportar-se assim e, ao fazê-lo, recebe uma profunda cura: "Encontrei a força de alma que tinha perdido aos quatro anos e meio". A partir de então, poderá iniciar a sua "carreira de gigante" rumo à santidade, segundo as suas próprias palavras.

---

7    Santa Teresa de Lisieux, *Obras completas*, Manuscrito A 45 r o, Cerf, p. 142.

Este episódio da vida de Teresa mostra como a aceitação das chamadas da graça, mesmo em coisas mínimas, pode ser fecunda numa existência.

## Todas as chamadas são convites para crer, esperar e amar

Quereria fazer agora uma observação que, segundo penso, pode esclarecer o nosso propósito.

Como já vimos, as chamadas de Deus podem ter conteúdos extremamente diversos conforme as circunstâncias, os períodos da nossa vida, o caminho único e particular que Deus propõe a cada um. Podem ser chamadas ao perdão, a um compromisso concreto de serviço, à oração, à aceitação de si, a um gesto de ternura, ao acolhimento de uma alegria etc.

Mas, se formos à essência das coisas, perceberemos facilmente que, por trás dessa diversidade infinita, as chamadas que nos chegam são sempre, em última instância, convites para crer, esperar ou amar.

A ordem pela qual acabamos de evocar as três "virtudes teologais" — fonte do dinamismo fundamental da vida espiritual — tem a sua importância.

A primeira chamada que Deus nos dirige em qualquer situação — especialmente nas situações difíceis — é uma *chamada à fé*: crer que Deus está presente, que é fiel, que tem tudo nas suas mãos, que não nos esquece. Deus é Pai, e a sua chamada mais profunda e radical é uma chamada à fé confiante.

CHAMADOS A VIVER

A segunda chamada que Deus nos dirige é uma *chamada à esperança*: esperar a ajuda da parte dEle, e não apenas da nossa capacidade. É pôr nEle a nossa segurança, e não em todas as seguranças que tenhamos forjado.

Sobre essa base de fé e de esperança, podemos então ouvir e acolher as *chamadas ao amor* que podem surgir: chamadas a um amor mais verdadeiro e mais puro ao nosso próximo e também a nós mesmos.

A fé e a esperança desempenham um papel fundamental na existência cristã porque são o suporte da caridade; são como que as duas asas do amor, que lhe permitem levantar voo e subir. Em última instância, o amor é a única coisa que importa e que permanecerá. *Se não tiver caridade, nada sou*, diz São Paulo (1 Cor 13, 1-2). A fé será substituída pela visão, a esperança pela posse de tudo o que esperamos confiadamente. Mas o amor não será substituído por nada: o amor com que amaremos a Deus e os nossos irmãos no Reino será exatamente da mesma natureza daquele com que tivermos amado aqui em baixo. Será, sem dúvida, mais ardente e mais puro, infinitamente livre e feliz, mas não mudará de substância.

Por isso, o nosso único desejo, desde agora, deve ser crescer no amor, tornando-nos disponíveis às chamadas de Deus, que, em última análise, são sempre uma chamada para que amemos mais, segundo as três orientações que o amor deve tomar: o amor a Deus, o amor ao próximo e o amor a nós mesmos, como desenvolverei um pouco mais adiante.

OS ACONTECIMENTOS DA VIDA

Antes de o fazer, e para completar o que disse acerca da fé, da esperança e do amor, desejaria tocar um ponto.

Quando passamos por um momento difícil, podemos observar que, seja qual for a prova que nos atinja (problemas de saúde ou profissionais, crise espiritual, dificuldades no relacionamento etc), o que sentimos, o que em última instância está em causa é sempre a fé, a esperança ou o amor, em maior ou menor medida conforme as circunstâncias.

Toda a prova é uma prova para a fé. Toda a situação que nos aflija contém, de uma maneira ou de outra, uma interpelação dirigida à fé: Você crê que Deus está presente nesse momento da sua vida? Continua a crer nas suas promessas? Crê na sua fidelidade, no seu poder, em que tem tudo nas mãos e faz concorrer tudo para o seu bem?

Toda a prova é também, numa certa medida, uma prova para a esperança e dirige-nos perguntas que se poderiam formular assim: De quem espera você a salvação? Somente de si mesmo? Dos seus recursos? Deste ou daquele apoio humano? Ou principalmente de Deus? Em que coisas ou em que pessoa pôs você a sua segurança? Nos seus bens materiais, na sua experiência, na sua formação, em tal pessoa ou em tal instituição? Ou antes colocou efetivamente a sua segurança somente em Deus, na sua infinita misericórdia?

Enfim, toda a prova — especialmente no âmbito do relacionamento, como por exemplo numa crise

95

conjugal — é também, com muita frequência, uma prova para o amor: O seu amor é verdadeiro? É desinteressado? É capaz de perdurar? A sua aparente generosidade não é uma negociação disfarçada, em que você dá na medida em que recebe em troca?

Todo o momento difícil é, pois, uma chamada a uma fé mais decidida, a uma esperança mais confiante, a um amor mais puro e fiel. Isso significa também que não devemos ter medo das provas da vida. São necessárias e benéficas, sempre que descubramos nelas as chamadas que nos são dirigidas. Só elas nos fazem evoluir e crescer. Se não desanimamos, são ocasiões para recebermos o dom de um acréscimo de fé, de confiança e de amor. Lembremo-nos a este propósito das belas palavras de São Pedro:

> Bendito seja Deus, o Pai do nosso Senhor Jesus Cristo, que, na sua grande misericórdia, nos fez renascer, pela ressurreição de Jesus Cristo dentre os mortos, para uma viva esperança [...]. É por isso que transbordais de alegria, apesar das diversas provas que vos devam afligir ainda por algum tempo, a fim de que, bem provada, a vossa fé — mais preciosa que o ouro perecível que, no entanto, passa pela prova do fogo — seja achada digna de louvor, de glória e de honra quando Jesus Cristo se manifestar (1 Pd 1, 3-7).

O Apóstolo Tiago chega ao ponto de dizer, no começo da sua Epístola: *Tende por suprema alegria, meus irmãos, ver-vos rodeados de toda a espécie de provas* (Tg 1, 2).

OS ACONTECIMENTOS DA VIDA

Poderíamos concluir e resumir este ponto dizendo que, para além da extrema diversidade de chamadas que as provas da vida encerram, o convite fundamental que nos é dirigido em todas as circunstâncias é um convite à confiança e ao amor.

## Os três eixos do amor

Dediquemos agora algumas palavras às chamadas ao amor e aos seus possíveis conteúdos.

Interrogado pelos escribas sobre qual é o maior mandamento de todos, Jesus responde:

> Amarás o Senhor teu Deus com todo o teu coração, com toda a tua alma e com todo o teu espírito. Este é o maior e o primeiro mandamento. O segundo é semelhante a este: Amarás o teu próximo como a ti mesmo. Nestes dois mandamentos se resumem toda a Lei e os Profetas (Mt 22, 37-40).

Estas palavras do Senhor mostram que o amor tem duas dimensões inseparáveis: o amor a Deus e o amor ao próximo. Mas aludem discretamente a um terceiro aspecto da caridade: o amor a nós mesmos: *Amarás o teu próximo como a ti mesmo*. O amor a nós mesmos é bom e necessário; não é o egoísmo de quem reconduz tudo ao seu "eu", mas a graça de vivermos em paz conosco próprios, de consentir em ser o que somos, com os nossos dotes e as nossas limitações.

Estas três facetas da caridade são chamadas a crescer juntas, a sustentar-se mutuamente para crescerem. Se uma delas vem a faltar ou a ser demasiado negligenciada, as

CHAMADOS A VIVER

outras duas sofrem com isso e esterilizam-se. São como os três pés de um tamborete, que perde o equilíbrio se falta um deles. Não é necessário ser um grande matemático para compreendê-lo. Vejamos sucintamente cada um desses três aspectos em função uns dos outros.

1. O amor ao próximo apoia-se no amor a Deus. Sem a força que encontramos na fé em Deus, dificilmente conseguiremos praticar a paciência, o perdão, a misericórdia. A nossa capacidade de amar esgota-se em pouco tempo se não se renova constantemente nAquele que é a Fonte, mediante a oração e os sacramentos. O amor extingue-se frequentemente pelo desânimo ou pelo desespero, e só uma plena esperança em Deus dá a coragem necessária para perseverar nesse amor.

2. O amor ao próximo apoia-se também no amor por nós mesmos. Se eu me detesto e me desprezo, se não me aceito tal como sou, surgirão inevitavelmente em mim os ressentimentos e os conflitos com os outros. Muitos desses conflitos são a projeção dos que temos conosco próprios. Não suporto a mediocridade dos outros porque não aceito a minha. Se não me reconcilio com o meu passado, com a minha personalidade, se estou descontente de ser como sou, de um modo ou de outro farei com que o "paguem" os outros, responsabilizando-os pelo mal-estar que me invade por não estar em paz comigo mesmo...

OS ACONTECIMENTOS DA VIDA

3. O amor a Deus precisa do amor ao próximo. Se eu fecho o meu coração aos outros, se me endureço em juízos mesquinhos, em acusações, em rancores, jamais experimentarei a fundo a ternura e a bondade de Deus, e não crescerei no amor por Ele. *Com a mesma medida com que medirdes, sereis medidos vós também*, diz o Evangelho (Lc 6, 38). Recusar-se a amar o próximo é inevitavelmente fechar-se a Deus. Negar-se a perdoar, por exemplo, pode esterilizar por completo uma vida espiritual.

4. O amor por nós mesmos também se apoia no amor ao próximo. Quem se fecha ao amor pelos outros priva-se de maravilhosas ocasiões de amar, de desenvolver o que tem de melhor no seu interior e, por conseguinte, de crescer em confiança em si. Perde também muitas graças de reconciliação consigo mesmo, que com frequência são concedidas por intermédio dos outros. Experimentei muitas vezes na minha vida que, quando somos duros e intransigentes com os outros, cedo ou tarde pagamo-lo com uma experiência que descobre a nossa própria miséria. E ao contrário, é quando nos esquecemos de nós mesmos para amar os outros que nos encontramos. Em continuidade com a graça do Natal acima citada, Santa Teresa do Menino Jesus declara:

> Senti a caridade entrar no meu coração, a necessidade de me esquecer de mim para comprazer os outros, e desde então fui feliz[8].

---

8    Santa Teresa de Lisieux, *Obras completas*, Cerf, p. 143.

5. O amor de Deus necessita também do amor por nós mesmos. Se eu não me aceito tal como sou, se me desprezo, então não reconheço o amor que Deus tem por mim e fecho-me. O amor que Deus me tem não se dirige a um ser ideal, àquele que eu "deveria ser" ou àquele que eu "gostaria de ser": dirige-se a mim tal como sou. Só posso, pois, acolher plenamente esse amor se me aceito a mim mesmo. Acontece frequentemente que as pessoas se fecham ao amor de Deus e à ação da sua graça porque, por diversas razões — orgulho, perfeccionismo, medo de não ser amadas... —, não se conformam com as suas limitações e as suas fragilidades.

6. Por fim, o amor por nós mesmos constrói-se com o apoio do amor de Deus. Quem se fecha a Deus cedo ou tarde acabará por detestar-se a si próprio, porque não descobrirá a ternura do Pai, o seu olhar bom e benévolo — descoberta que é o caminho mais seguro para nos aceitarmos tal como somos, com as nossas faltas e limitações. A rejeição de Deus desemboca em ódio a nós mesmos. Penso que há nisso uma lei absolutamente inelutável, e parece-me que a evolução da nossa cultura assim o ilustra desde há vários séculos.

O homem moderno tem uma terrível dificuldade em amar-se a si mesmo. A profusão de obras de psicologia sobre o desenvolvimento da personalidade e a aquisição da autoestima é um sinal eloquente. Apertemos a tecla da "autoestima" no Google e veremos o resultado:

OS ACONTECIMENTOS DA VIDA

um milhão e quatrocentas mil páginas só em francês! Encontra-se lá o melhor e o pior. De maneira nenhuma sou partidário de um regresso à cristandade da Idade Média, mas estou persuadido de que o homem do século XIII não tinha tantos problemas para amar-se a si mesmo. Vivia na certeza de ser uma criatura de Deus, pecadora certamente, mas digna de amor e de redenção. Era capaz das maiores tolices, mas acreditava na possibilidade de ser resgatado.

Nos séculos XVIII e XIX, rejeitou-se Deus com a ilusão de pensar que assim se eliminaria a culpa e o homem seria por fim livre e feliz. Esqueceu-se uma coisa: que, sem Deus, o homem tem de carregar sozinho o peso das suas desditas, das suas misérias e faltas. Se não há Deus, também não há misericórdia nem perdão. Hoje em dia, estamos como que condenados a triunfar na vida, sem remissão possível no caso de fracassar. O homem não pode absolver-se a si mesmo, sejam quais forem as tentativas que faça nesse sentido, mesmo que conte com um exército de psicólogos que o declarem livre de culpa. A autoestima tem necessidade de um fundamento: a certeza de que, aconteça o que acontecer, eu sou amado e posso amar. Esta certeza, só Deus a pode garantir absolutamente.

O núcleo sólido da nossa personalidade, o fundo de segurança íntima de que todos precisamos, consiste nessa dupla certeza: a de sermos amados e a de podermos amar. As duas são necessárias. Por um lado, sabermo-nos amados de um modo incondicional, o que nos livra

CHAMADOS A VIVER

da angústia de nos perguntarmos permanentemente se somos dignos de ser amados, se estamos à altura ou não etc. Mas isso não basta. É preciso, por outro lado, que nos saibamos capazes de amar, de nos darmos desinteressadamente. Isso é necessário para nos apercebermos do preço e do valor da nossa vida. Se queremos existir de uma maneira livre e feliz, temos necessidade não só de ser amados, mas também de amar, de retribuir, de dar fruto, de dar a vida. Só Deus pode garantir-nos essa dupla certeza: só Ele nos ama com um amor absolutamente incondicional e só Ele nos dá a garantia de que, apesar das nossas limitações, a sua graça pode semear no nosso coração uma verdadeira capacidade de amar, uma disponibilidade para receber e uma generosidade para nos darmos.

Estas são algumas das correlações que se podem estabelecer entre as três orientações da caridade. O amor a Deus, o amor ao próximo e o amor de nós mesmos desenvolvem-se simultaneamente. Em cada etapa da nossa vida, é indispensável podermos identificar qual é, entre "os pés do tamborete", aquele que pede mais atenção, para o fortalecermos e permitirmos que os outros dois se desenvolvam.

Umas vezes, podemos sentir-nos chamados a intensificar o amor a Deus: mais oração, mais confiança em Deus, maior disponibilidade em relação à sua vontade, à escuta da sua Palavra. Outras, a urgência virá do lado do amor ao próximo: a paciência — que segundo Santa Catarina de Sena é a "medula da caridade" —, este ou aquele ato de perdão, a generosidade em servir, em socorrer os pobres etc. Em outras ainda — coisa que nos acontece a todos em uma ou outra fase da vida —, a prioridade será o amor por nós mesmos: admitir a nossa fragilidade e fraqueza, aceitar-nos tal como somos, deixar de detestar-nos ou de culpar-nos...

É preciso, pois, estarmos atentos às chamadas do Espírito e discernir essas prioridades, conforme a etapa da vida em que nos encontremos. Se correspondermos à chamada de Deus que nos convida a intensificar este ou aquele eixo do amor, os outros, só com isso, haverão de renovar-se.

## As atitudes que nos tornam receptivos às chamadas

Vamos agora debruçar-nos sobre uma outra questão: a de como discernir as chamadas de Deus; por outras palavras, a de saber quais os atos precisos de fé, esperança e amor que nos pede a situação concreta em que nos encontramos.

A resposta nem sempre é fácil. Não há, evidentemente, uma receita universal que nos dite a solução, nenhum programa de computador que permita, proporcionando-lhe os dados, chegar automaticamente a uma solução. Insistirei, pois, em certas atitudes que, se compreendermos bem o seu fundo e as pusermos em prática, podem permitir, segundo penso, obter luz em 95% dos casos e ver com grande evidência o que devemos fazer.

Com efeito, o que permite ter luzes claras não é tanto dispor de técnicas refinadas de discernimento, mas cultivar atitudes interiores adequadas, aquelas que nos colocam num estado de "receptividade interior" (sobre a qual terei ocasião de voltar mais adiante). Citarei seis, que me parecem indispensáveis, muito relacionadas umas com as outras.

1. A primeira é a *oração*. O Senhor diz-nos no Evangelho: *Pedi e achareis, batei e abrir-se-vos-á* (Lc 11, 9). E São Paulo: *Intensificai as vossas preces e súplicas. Orai em todas as circunstâncias, pelo Espírito, numa vigília incansável* (Ef 6, 18).

Além da fidelidade aos tempos de oração pessoal, de escuta de Deus, é preciso ter um grande desejo de ser de Deus e de amá-lo em todas as coisas, manter-se o mais possível na sua presença e extrair de todos os aspectos da vida, sejam bons ou maus, o meio de estar em diálogo com Ele. A este propósito, o melhor que posso fazer é citar uma passagem de Laurent de la Résurrection, irmão converso no Carmelo de Paris no século XVII:

> A prática mais santa, mais comum e mais necessária na vida espiritual é a presença de Deus, a de comprazer-se na divina companhia e acostumar-se a ela, falando humildemente e entretendo-se amorosamente com Ele o tempo todo, em todos os momentos, sem regra nem medida, sobretudo nas épocas de tentação, de sofrimentos, de aridez, de desgostos,

e mesmo de infidelidades e pecados. É preciso que nos apliquemos sem cessar a fazer com que todas as nossas ações, indistintamente, sejam como pequenas conversas com Deus, sem grandes raciocínios, mas tal como brotam da pureza e da simplicidade do coração[9].

2. Uma segunda atitude fundamental é a *fé*, nos seus dois aspectos inseparáveis: a fé como *confiança* e a fé como *obediência à verdade*.

Uma total confiança em Deus: abandonarmo-nos inteiramente nas suas mãos como crianças, mesmo no meio das piores tempestades[10].

Ao mesmo tempo, um grande desejo de aceitar a verdade e de submeter-se a ela, segundo a bela expressão de São Pedro: *Pela obediência à verdade, purificastes as vossas almas* (1 Pd 1, 22). A pequena Teresa dizia: "Eu nunca procurei senão a verdade". Penso que a sinceridade na exigência da verdade — permanecer na verdade em relação a nós mesmos, aos outros, às situações, a Deus — é um dos maiores motores do progresso espiritual. Comprovamo-lo, por exemplo, na vida de Etty Hillesum. Apesar da sua vida moral e afetiva bastante agitada no começo, essa jovem chegou em poucos anos a uma experiência de Deus muito autêntica e a uma dedicação admirável ao próximo, porque tinha uma grande exigência de verdade, como se vê pelo seu diário[11].

---

9    Conrad de Mester, o.c.d., Irmão Laurent de la Résurrection, *Écrits et entretiens sur la pratique de la présence de Dieu*, Cerf, 1991.

10   Veja-se a passagem da tempestade acalmada em Mc 4, 35-40.

11   Etty Hillesum, *Une vie bouleversée*, Seuil, 1985.

Uma das manifestações mais autênticas deste desejo de verdade é a *humildade*: saber acusar-se, reconhecer os erros pessoais, deixar-se educar com flexibilidade pela vida e pelos outros, não fechar-se no "orgulho de ter razão" e na pretensão de dizer sempre a última palavra, atitudes que causam tantos estragos no relacionamento e que impedem com frequência o acesso à verdade.

Caminhar na fé significa também *aceitar uma certa obscuridade*, que resulta de não se dispor de todas as respostas como se desejaria. É algo frustrante para nós, porque contraria uma profunda necessidade psicológica: a necessidade de segurança. Alimentamos a ilusão de pensar que nos sentiremos seguros, em paz e serenos, quando tivermos a resposta para todas as nossas perguntas. Isso significa depositar a nossa segurança na capacidade de compreender, no domínio da inteligência sobre as situações, o que é um erro. Aceitar não compreender tudo é uma atitude de fé e humildade, é reconhecer as limitações pessoais e pôr somente em Deus a verdadeira segurança.

Vejamos um exemplo que observei várias vezes: as pessoas que sofreram dolorosas rupturas afetivas têm frequentemente muita dificuldade em corresponder às chamadas de Deus para que perdoem, em ir mais longe e não ficar encerradas no seu sofrimento, porque quereriam compreender tudo o que aconteceu, saber por que o outro ou a outra teve semelhante atitude, por que foram "largadas" etc. Estão dispostas a perdoar e virar a página, mas com a condição de terem ao menos uma última explicação que esclareça as coisas. Mas isso costuma ser impossível, e o único meio de avançar positivamente é aceitar não ter resposta para umas perguntas que se consideram naturais, e deixar a Deus o cuidado de esclarecer o que deva ser esclarecido, como Ele quiser e quando quiser. Esse "soltar a presa" é difícil, mas salutar.

3. O terceiro ponto consiste em *viver o momento presente*. É aceitar que as respostas de Deus nem sempre sejam soluções que perdurem, mas simplesmente uma pequena orientação "só para hoje"[12]. Isso é, sem dúvida, decepcionante para a nossa necessidade de prever tudo, mas é suficiente para viver, se pomos a nossa confiança em Deus.

A este propósito, gosto muito de um trecho do poema de São João da Cruz, *A noite escura*:

> Na noite ditosa,
> em segredo, pois ninguém me via,
> nem eu olhava coisa alguma,
> sem outra luz e guia
> senão a que no coração ardia,
> esta me guiava,
> mais segura que a luz do meio-dia[13].

A alma caminha em plena noite, sem gozar da luz resplandecente do meio-dia, mas simplesmente seguindo

---

12    Santa Teresa de Lisieux, poesia 5, *Obras completas*, Cerf/ DDB, p. 645.

13    São João da Cruz, *Obras completas*.

essa pequena chama da fé, da esperança, do amor que lhe arde no coração. Sente-se assim muito mais segura do que se caminhasse a plena luz. Sigamos as indicações dos humildes atos de fé, de esperança e de amor que o Espírito Santo nos inspira diariamente: não há engano possível quando cremos, esperamos e amamos. Esqueçamos o passado, não procuremos prever o futuro. Deus fala no momento presente e para o momento presente. De nada serve querer discernir o que deveríamos ter feito há dez anos, ou o que deveremos fazer daqui a cinco. Procuremos a atitude certa para hoje e isso basta.

Um aspecto desta capacidade de viver o momento presente é uma grande flexibilidade e um grande desprendimento no que diz respeito aos nossos programas e aos nossos planos. Tendemos sempre a dominar e controlar a nossa vida, e isso é um erro que nos faz cair numa grande rigidez quanto ao emprego do nosso tempo, aos nossos horários, aos nossos projetos. É desejável, evidentemente, ter uma vida bem organizada, agendas detalhadas e em perfeita sequência, mas com a condição de que preservemos a liberdade e a flexibilidade suficientes para não nos desgostarmos com os imprevistos e sabermos aceitá-los.

Se os nossos planos nos deixam demasiado crispados, corremos o risco de passar ao largo de muitas chamadas de Deus, que exigem desembaraço e disponibilidade permanentes. Uns anos atrás, causou-me uma profunda impressão o testemunho de uma religiosa cheia do

Espírito Santo, Ir. Elvira, que conheci por ocasião de um retiro para sacerdotes em Medjugorje. Tinha fundado uma obra magnífica para jovens viciados em drogas. Dizia-nos ela (coisa que nós, os sacerdotes, temos uma grande necessidade de ouvir!): "Estou sempre disposta a fazer, nos próximos cinco minutos, exatamente o contrário do que tinha previsto".

4. Outra atitude indispensável é aceitar as situações em que nos encontramos, particularmente *as que nos fazem sofrer*. O tema é delicado. Não se trata de aceitar passivamente qualquer situação e menos ainda de correr atrás do sofrimento. É preciso eliminar ou pelo menos aliviar todos os sofrimentos que nos seja possível. Não se deve, pois, canonizar o sofrimento em si, caindo numa espiritualidade pervertida. Não é o sofrimento que salva, mas o amor.

Dito isto, há uma parcela inevitável de sofrimentos e de lutas que fazem parte integrante da vida. E essa parcela deve ser acolhida com paciência, na fé e na esperança, indo buscar a nossa fortaleza junto de Cristo. A isso nos convida claramente o Evangelho. São Paulo dizia ao seu discípulo Timóteo: *Sofre comigo pelo Evangelho, fortificado pelo poder de Deus* (2 Tm 1, 8). São Pedro faz ressoar o mesmo sino, quando nos convida a não estranhar os tempos de prova: *Alegrai-vos de participar dos sofrimentos de Cristo, para que possais alegrar-vos e exultar no dia em que for manifestada a sua glória* (1 Pd 4, 13).

Não quero estender-me a falar deste tema, que aliás já tratei em outro lugar[14], mas fazer simplesmente algumas observações.

Aceitar o sofrimento exige uma conversão sempre difícil, mas simplifica a vida. Ao contrário, recusar-se a sofrer complica enormemente a existência. Obriga a recorrer incessantemente a estratégias sofisticadas e cansativas para evitar a dor, ou então leva a alimentar amarguras, revoltas, acusações que nos envenenam o coração e nos esgotam em vez de resolver os problemas. Há com frequência situações bastante simples em si, que nós tornamos muito complicadas unicamente porque rejeitamos o sofrimento.

Acusa-se muitas vezes o cristianismo de fazer a apologia da dor. Mas eu me pergunto quem é, afinal de contas, mais pregoeiro da dor: aquele que aceita com uma fé robusta as dificuldades da vida, ou aquele que passa o seu tempo gemendo e lamentando os problemas que se podem encontrar em qualquer existência pessoal ou social?

A cultura ocidental moderna traz a marca de uma recusa radical do sofrimento, e isso tem efeitos perversos. Essa recusa leva toda a pessoa que sofre a posicionar-se como um doente ou como uma vítima, o que destrói as relações sociais, como teremos ocasião de ver um pouco mais adiante. No mundo cristão, talvez tenha havido às vezes opiniões nem sempre equilibradas acerca do

---

14    Na minha obra *A liberdade interior*.

OS ACONTECIMENTOS DA VIDA

sofrimento redentor, mas a atitude atual de negar qualquer sentido positivo ligado ao sofrimento provoca estragos bem piores.

Seria instrutivo analisar o modo como as mentalidades atuais interpretam o sofrimento, qualificando-o com frequência como patológico (considerando-o implicitamente como uma doença). Ora, uma coisa é que a pessoa que sofre (por exemplo, por ter perdido um ser querido) tenha necessidade de ser ajudada e acompanhada; outra é que seja mais ou menos considerada como alguém que se encontra num estado anormal e carece de uma terapia psicológica.

Há também nos nossos dias uma certa obsessão pela cura que é um sintoma dessa visão patológica do sofrimento. Quereria conseguir-se a cura de tudo! Vi numa revista cristã o anúncio de um retiro que tinha este chamariz: "Curar-se da família"! Não duvido da boa intenção dos que promoviam esse retiro, desejosos de ajudar as pessoas a curar-se das feridas recebidas no contexto familiar, mas o anúncio deixou-me espantado. A família não é uma doença! Espero que um dia se organizem cursos subordinados ao título: "Curar-se da vida"! A única maneira de curar-se da vida é morrendo!

Por trás da obsessão pela cura há por vezes uma recusa da vida tal como é. Não esqueçamos que em São Francisco de Assis, antes da sua morte, se diagnosticaram doze doenças diferentes. Isso não o impediu de ser um grande santo.

Observa-se ainda uma clara tendência para o vitimismo. Quando se rejeita a priori o sofrimento, sempre se tende a considerá-lo uma injustiça: toda a pessoa que sofre julga-se vítima de alguma outra. E essa atitude alimenta as exigências mais infantis e mais irrealistas de reparação.

Repito: é preciso, sem dúvida, eliminar ou mitigar os sofrimentos na medida do possível. O Evangelho é bem claro a este respeito, quando nos convida a dar de comer aos que têm fome e a vestir os nus. Mas é preciso também aceitar a parcela de sofrimento necessária a todo o progresso humano e espiritual. Só o sofrimento aceitado pode arrancar o psiquismo humano do seu fundo de egoísmo, mudá-lo em profundidade e fazê-lo evoluir rumo à vida espiritual, isto é, ao dinamismo do dom. Para crescermos humanamente, temos necessidade de ser trabalhados pelo sofrimento. E também para nos abrirmos ao mistério de Deus: *O Senhor está perto dos corações abatidos* (Sl 34, 19).

Mais uma observação: a aceitação do sofrimento é também uma fonte de paz, e só um clima de paz permite escutar e distinguir as chamadas de Deus. No meio da agitação, da revolta, da inquietação, o nosso discernimento estará sempre falseado.


5. Outra atitude necessária para captar as chamadas de Deus é a disposição de abrir o coração e deixar-se orientar. Ninguém é autossuficiente. Deus — diz São

João da Cruz — quis que tivéssemos necessidade uns dos outros: "Deus compraz-se muito em que os homens sejam dirigidos e governados por outros homens semelhantes a eles"[15].

Para compreendermos as chamadas que Deus nos dirige, é de importância capital saber de tempos a tempos recorrer a um aconselhamento e falar com alguém daquilo que vivemos, com franqueza e verdade, no desejo de pôr sob a luz de Deus a nossa existência e as nossas opções. A simples circunstância de exprimirmos por palavras o que vivemos é já em si mesmo benéfica. Manifestar de modo compreensível a um outro o que nos acontece faz-nos passar do que sentimos emocionalmente para a objetividade da linguagem, e permite com frequência clarificar, simplificar, desdramatizar muitas coisas. E sobretudo fomenta uma atitude de humildade (eu não sou capaz por mim mesmo de alcançar a profunda verdade da minha vida) e de confiança (confiança nas mediações humanas e eclesiais queridas por Deus), o que é extremamente benéfico e tem a aprovação e as bênçãos de Deus[16].

Vejamos finalmente uma sexta atitude de base que ajuda muito a captar as chamadas de Deus: a de nos esforçarmos por viver num clima de ação de graças. Pela sua importância, é um tema que merece ser desenvolvido mais amplamente.

---

15 São João da Cruz, *Subida do Monte Carmelo*, livro 3, cap. 22.

16 Sobre este tema, veja-se Francisco Fernández-Carvajal, *A quem pedir conselho?*, Quadrante, São Paulo, 2000 (N. do E.).

## Permanecer em ação de graças

*Em todas as circunstâncias, dai graças, porque essa é a vontade de Deus para vós em Cristo Jesus* (1 Ts 5, 18). Esta exortação de São Paulo aos Tessalonicenses reitera o convite ao louvor que com tanta frequência encontramos nos Salmos: *Bendirei continuamente o Senhor; o seu louvor estará sempre nos meus lábios* (Sl 34, 2).

A ação de graças não é uma forma de oração que se haja de praticar apenas de vez em quando; deve tornar-se uma atitude do coração, uma disposição de vida e um modo de nos situarmos na existência. Isso não é muito fácil de ser posto em prática.

Perante o escândalo do mal, quando a desgraça se abate sobre nós ou atinge uma pessoa próxima, custa-nos muito permanecer nessa atitude de louvor. Gostaria de transmitir aqui a reflexão que ouvi a este propósito de um jovem filósofo, judeu e católico, de nome Fabrice Hadjadj, que conheci há uns anos num "café literário" em Paris. No decorrer da conversa, surgiu a pergunta: "Depois de Auschwitz, continua a ser possível louvar e bendizer o Senhor?" A sua resposta foi esta:

> Se depois dos horrores nazistas, nós, os que temos fé, paramos de amar a Deus e de bendizê-lo, isso quer dizer muito simplesmente que Hitler venceu. Cada qual é livre de reagir de acordo com o que sente, mas, quanto a mim, não quero deixar a vitória nas mãos de Hitler: quero continuar a bendizer a Deus ao longo de toda a minha vida, aconteça o que acontecer!

O louvor exprime a confiança em que o amor é mais forte que o ódio, a luz mais forte que as trevas, e em que a última palavra da história não será o triunfo do mal, mas a vitória do bem. Temos a certeza de que, um dia, *não restará nada do mal!*

"O pecado é inevitável, mas tudo acabará bem! Tudo acabará bem, todas as coisas, sejam quais forem, acabarão bem!", dizia Jesus na Idade Média a Juliana de Norwich[17]. O mal não tem nenhuma consistência real, nenhuma estabilidade, e um dia não ficará nenhum vestígio dele nas nossas vidas. Só o bem tem valor de eternidade.

## A santificação do nome

O convite a bendizer o nome de Deus em todas as circunstâncias contém a chamada mais exigente e mais difícil que se dirige ao homem, mas também a mais bela, aquela que o faz ter acesso a uma verdadeira grandeza e lhe permite assumir no mais alto grau a sua liberdade e incomparável dignidade. Quando um homem, ante o desastre da sua vida ou o escândalo dos acontecimentos — em momentos em que Deus parece contradizer as suas promessas, em que já nada na vida parece lógico —, é capaz de proclamar, apesar de tudo: "Bendito seja o nome do Senhor!", realiza o maior ato de liberdade e de amor que se pode conceber. Adquire uma grandeza soberana. Situou-se para além de tudo o que

---

17   Juliana de Norwich, *Le livre des révelations*, Cerf, 1992, p. 105.

é próprio da mediocridade humana: o egocentrismo, os cambalachos, os cálculos e os raciocínios mesquinhos, as esperanças demasiado terrenas.

É a vocação do povo de Israel: *Kiddush ha Shem*, a santificação do nome de Deus. Foi por isso que o Inimigo se encarniçou tanto contra ele. Pode-se deplorar e contabilizar sem fim todos os horrores da Segunda Guerra Mundial, mas não se pode medir a grandeza comovente daquela multidão de judeus piedosos que, arrancados dos seus guetos ou das suas cidades em toda a Europa central, entraram nos fornos crematórios recitando o *Shemá Israel*. Era um eco multiplicado da voz de Jó que, afligido por males sem conta, não amaldiçoava a Deus como lhe sugeria a esposa, mas clamava: *O Senhor o deu, o Senhor o tirou. Bendito seja o nome do Senhor!* (Jó, 1, 21). Nós, cristãos, que dizemos todos os dias no Pai-Nosso: "Santificado seja o vosso nome", temos de assumir plenamente essa vocação de Israel. Bendizer sempre o nome de Deus é a nossa grandeza e a nossa responsabilidade. A pequena Teresa de Lisieux dizia no final da sua vida: "Esta frase de Jó: *Ainda que Deus me tirasse a vida, eu continuaria a esperar nEle* encantou-me desde a minha infância"[18].

Quando os filhos pequenos do Pai celeste correspondem a essa chamada que os convida a bendizer o nome de Deus, erguem uma muralha inexpugnável contra os poderes do mal, como diz com palavras muito bonitas

---

18  Diz a seguir uma coisa que nos tranquiliza: "Demorei muito tempo a situar-me nesse grau de abandono" (*Derniers entretiens*, datado de 7/7).

o Salmo 8: *Ó Senhor, nosso Deus, como é glorioso o vosso nome em toda a terra! O vosso esplendor é celebrado por cima dos céus. Da boca das crianças e dos pequeninos sai um louvor que confunde os vossos adversários e reduz ao silêncio os vossos inimigos* (Sl 8, 2).

Louvar o Senhor exprime a nossa fé e a nossa esperança, ajuda-as a crescer, fá-las contagiosas e afirma a nossa confiança na beleza e no valor profundo da vida. O maior ato de caridade que podemos fazer uns pelos outros é o de nos encorajarmos mutuamente a viver a fé e a esperança. Esse é o papel do louvor litúrgico na vida do povo de Deus, na nova Aliança tanto como na Antiga. Torna-se assim um verdadeiro alimento para a alma, como diz o Salmo 63: *Eu vos bendirei durante toda a minha vida, levantarei as minhas mãos invocando o vosso nome, a minha alma saciar-se-á como num festim, e os meus lábios cantarão jubilosos o vosso louvor* (Sl 63, 5-6).

Penso também que a prática do louvor e da ação de graças é um poderoso meio de fazer-nos crescer em humildade. Graças a esses atos, renunciamos a atribuir a nós mesmos o mérito seja do que for; reconhecemos que tudo nos é dado gratuitamente. O que há de bom e belo na nossa vida procede da generosidade do amor de Deus, e não dos nossos méritos. Raniero Cantalamessa exprime-o assim:

> O louvor imola e destrói o orgulho do homem. Quem louva a Deus sacrifica-lhe a vítima mais agradável de todas: a sua própria glória. Nisso reside o extraordinário poder purificador do louvor. No louvor esconde-se a humildade.

## Reivindicação ou gratidão?

Outro ponto muito importante: a prática do louvor e do agradecimento ajuda-nos a passar de uma atitude de vítima para uma atitude responsável. Tocamos aqui um problema muito atual.

Como disse atrás, causa espanto verificar como, na evolução da sua cultura, o homem ocidental tende cada vez mais a situar-se numa atitude de vítima. Passa-se o tempo em lamentos, exigências e reivindicações. Como já não há fé nem confiança em Deus, qualquer dificuldade ou pena é encarada como uma anomalia, quando não como uma injustiça. Recusa-se qualquer sofrimento, sonha-se com uma vida de gratificações permanentes, sem dores e sem embates. Cada vez que se é atingido por uma prova, procura-se a quem acusar, a quem endossar a responsabilidade do problema e a quem fazer pagar o sofrimento. Temos podido comprová-lo na França nestes últimos anos. À menor inundação ou canícula, levanta-se uma onda de acusações contra o governo, que não fez tudo o que devia para prevenir a calamidade. Como se o Estado tivesse o dever e a possibilidade de garantir a todos os cidadãos uma existência sem nenhum problema, a felicidade para todos!

Uma consequência disso é que se alastra uma mentalidade processual. É evidentemente legítimo que, em certas situações, se recorra aos tribunais para reivindicar um direito ou exigir reparação por uma injustiça grave. Mas hoje, quando alguém tem um sofrimento

OS ACONTECIMENTOS DA VIDA

vindo de um terceiro (família, educador ou qualquer outro), julga-se autorizado sem mais a arrastar essa pessoa aos tribunais para obter uma reparação, e nem se lembra de que pode ser o caso de assumir responsavelmente essa situação difícil ou mesmo de perdoar. Recentemente, viu-se o caso de uns pais que entraram com um processo — e ganharam — contra um médico que não tinha diagnosticado num exame prenatal a deficiência do filho: a presença dessa criança deficiente na família e as dificuldades que criava aos pais tinham-lhes trazido grandes prejuízos! Esse tipo de atitude tem evidentemente reflexos destrutivos na vida social: instila por toda a parte um veneno de desconfiança e de reivindicação. Os médicos, ante o receio de terem de enfrentar um processo, acabarão por retrair-se no exercício da sua profissão e ninguém ganhará com isso, sobretudo os doentes.

O louvor e a gratidão são o grande remédio para as consequências negativas da atitude vitimista. Fazem com que nos situemos perante a vida numa perspectiva bem diferente: em vez de nos levarem a reclamar, a queixar-nos, a reivindicar, ajudam-nos a acolher com confiança a vida tal como se apresenta, mesmo com a sua carga de dor e dificuldades. Evitam que nos fechemos numa atitude acusadora para com os que nos decepcionam ou nos fazem sofrer, que procuremos bodes expiatórios sobre os quais descarregar os nossos ressentimentos e amarguras. Fazem-nos compreender que não se trata de "mudar a vida", segundo o ilusório slogan de certo partido político de há uns anos, mas de mudar a nossa atitude em face da vida. É passar do medo, da desconfiança e da acusação para a aceitação e a confiança. É acolher com fé a vida como um dom, ainda que seja diferente daquilo que esperamos. Se vivermos com esta confiança, não tardaremos a ter a experiência de que, afinal de contas, a vida real é muito mais bonita e rica do que aquela com a qual sonhamos nas nossas expectativas irrealistas.

Há aqui um princípio espiritual básico, cuja expressão encontramos no Evangelho. Jesus pronuncia esta frase misteriosa: *Eu vos declaro: a todo aquele que tiver, dar-se-lhe-á; mas a quem não tiver, ser-lhe-á tirado até o que tem* (Lc 19, 26).

Cristo anuncia assim uma das leis mais importantes que regem a existência humana. A quem se encerra numa atitude de reivindicação e de descontentamento, a quem se queixa de que a vida não é como deveria ser, a esses, a existência revelar-se-á decepcionante. Pelo contrário, aquele que se sente feliz com o que recebeu, que agradece a Deus tudo o que compõe o seu caminho, esse receberá ainda mais e ver-se-á plenamente realizado.

Tenho encontrado com frequência pessoas que estão em contínua guerra com a vida. Criticam tudo, nunca estão satisfeitas e, seja qual for o ambiente em que se encontrem, acharão sempre que as coisas não são como deveriam ser. A sua vida passa-se em cruzadas estéreis.

# OS ACONTECIMENTOS DA VIDA

Na raiz dessa atitude, há como que uma certa rabugice, quando não um fundo de cólera inconsciente, que pode dar a essas pessoas por algum tempo uma grande energia e ter toda a aparência de generosidade e de sentido da justiça. Mas penso que isso não é produtivo a longo prazo. Só é fecundo o que procede do amor.

Por trás dessa tendência, pode esconder-se uma experiência de abandono, uma profunda decepção sofrida durante a infância, que a pessoa nunca chegou a superar verdadeiramente. Além da ajuda psicológica necessária em certos casos, penso que a prática da gratidão e do louvor é uma indicação muito benéfica para esse tipo de situações.

Se fizermos da gratidão a disposição fundamental do nosso coração, curar-nos-emos de muitas amarguras e decepções, e seremos felizes.

> *A minha alma glorifica o Senhor e o meu espírito exulta de alegria em Deus, meu salvador. Porque olhou para a sua pobre serva, eis que daqui em diante todas as gerações me chamarão bem-aventurada* (Lc 1, 46-47).

Peçamos a Maria, a Virgem do *Magnificat* — que não cessou de dar graças e assim esteve constantemente aberta ao dom de Deus e experimentou sempre mais a generosidade e a benevolência divinas —, que nos ajude a adotar essa atitude. "Uma alma que não viva em ação de graças é uma alma doente", diz uma mística francesa[19]. Não é uma frase para nossa condenação: é normal que adoeçamos de vez em quando, mesmo na vida de piedade. Mas é preciso procurar a cura: que Maria nos faça descobrir a ação de graças como um caminho de saúde espiritual!

Estou persuadido de que uma pessoa que se esforce por viver permanentemente em ação de graças, muito em breve chegará a ser santa, porque é a atitude espiritual mais poderosa de todas para purificar o coração e abri-lo à ação divina. Quando existe essa disposição interior, já não há espaço para girarmos em torno de nós mesmos, para cairmos em lamentações, ciúmes, amarguras, desejos de vingança. O mal já não se apodera de um coração que permanece em ação de graças.

A atitude de agradecimento exprime-se da maneira mais elevada — e ao mesmo tempo encontra o seu alimento e o seu maior estímulo — na celebração da Eucaristia, a ação de graças por excelência. Nela, a Igreja une-se à ação de graças de Cristo, que bendiz o seu Pai pela abundância do seu amor e dos seus dons. Na sua encíclica sobre a Eucaristia, dizia o Papa João Paulo II: "A Eucaristia foi-nos dada para que a nossa vida, como a de Maria, seja toda ela um *magnificat*"[20]. Oxalá seja assim!

---

19    Marthe Robin, (1902-1981). fundadora dos Foyers de Charité. A sua ação foi discreta, mas imensa.

20    João Paulo II, *Ecclesia de Eucharistia*, n. 58.

# OBEDIÊNCIA AOS HOMENS E AO ESPÍRITO SANTO

*"Vou te ensinar, vou te mostrar o caminho
que deves seguir. Vou te aconselhar, fitando
os meus olhos em ti"* (Sl 31, 8).

Nos capítulos anteriores, fomos considerando duas vias importantes pelas quais nos chegam as chamadas divinas: a Palavra de Deus e os acontecimentos da vida. Não são as únicas. Quereria agora, mais brevemente, recordar outras duas: os pedidos que nos fazem os outros e as moções interiores do Espírito Santo. Muitas das coisas que vimos nas páginas anteriores poderão aplicar-se a estas duas realidades.

## Os pedidos dos outros

Evidentemente, nem todos os pedidos que nos chegam de uma ou outra pessoa devem ser considerados chamadas de Deus. Alguns podem ser maus ou ilegítimos, e temos o direito — e às vezes o dever — de não os atender.

No entanto, acontece com muita frequência que este ou aquele pedido é o meio de que Deus se serve para nos dirigir uma chamada, para nos convidar a progredir, a amar mais. Felizmente, aí estão os outros para nos dar um encontrão e evitar que nos fechemos nas nossas mediocridades! As necessidades que têm e os pedidos que nos fazem (mudos ou explícitos...) transmitem frequentemente uma chamada de Deus a que é bom responder.

Neste terreno, não é fácil dar com a medida certa, porque não se podem propor critérios válidos para todas as circunstâncias.

Podemos às vezes fechar-nos aos pedidos dos outros por medo, por preguiça ou por egoísmo, e perder assim ocasiões esplêndidas de crescer e de viver mais intensamente. Devemos ser conscientes de que o homem não pode de maneira nenhuma realizar-se sem construir laços, assumir compromissos, aliar-se aos outros, entrar por caminhos de fidelidade. Esta fidelidade é por vezes custosa, mas é o único meio de que o homem dispõe para salvar-se do seu egocentrismo. Estamos diante de uma verdade que deve ser reafirmada com toda a força, numa sociedade em que a crença dominante é que qualquer vínculo (o vínculo conjugal, por exemplo) é um modo de perder a liberdade. É o contrário: os laços que assentam na fidelidade, quando esta é autêntica, constituem a salvação da liberdade[1].

Pode ser também que caiamos no defeito oposto: sermos demasiado dependentes daquilo que os outros

---

1    Sobre o compromisso conjugal, veja-se o livro de Xavier Lacroix, *De chair et de Parole, fonder la famille*, Bayard, 2007, especialmente o capítulo 3: *Pourquoi viellir ensemble?*

esperam de nós ou nos pedem. Por razões de natureza psicológica (necessidade de receber agradecimentos ou aprovação, interesse afetivo, medo...) ou por uma falsa interpretação da caridade cristã, podemos às vezes julgar-nos obrigados a dizer que sim a tudo e a todos, a agradar a todo o mundo desde a manhã até à noite, de tal maneira que acabemos por aniquilar a personalidade, por não satisfazer as nossas próprias necessidades e por provocar amargura, em vez da alegria de amar. É certo que não se pode ser feliz sem o dom de si, mas com a condição de que se trate de um verdadeiro dom: que seja livre, consciente, escolhido como tal, desinteressado, e que se alimente de uma plenitude recebida previamente. Aprofundemos esta questão delicada.

## Ambiguidades do dom de si

Não há verdadeira felicidade senão no dom de si por amor. *Há mais felicidade em dar do que em receber*, diz uma das raras frases do Senhor que nos foram transmitidas fora do Evangelho (At 20, 35). Todos temos essa experiência: é bom e necessário receber amor, mas, em última análise, o amor que nos realiza, que nos torna felizes, não é tanto aquele que recebemos, mas aquele que damos. É a promessa do Evangelho: *Quando deres um banquete, convida os pobres, os paralíticos, os coxos, os cegos; e serás feliz, porque eles não têm com que retribuir-te* (Lc 14, 13-14).

Vimos atrás que, na prática, esta questão do dom de si nem sempre é simples. Há pessoas que se dão generosamente, mas sem com isso alcançarem os frutos de felicidade prometidos pelo Evangelho. Às vezes, acabam por colher amarguras, por cair em esgotamentos, frustrações, por esquecer as suas próprias necessidades, isto é, por negar-se a si mesmas. Todos tivemos ocasião de conhecer, um dia ou outro, pessoas que foram serviçais e generosas durante muito tempo, mas acabaram por explodir, dizendo: "Estou cansada de ser a criada de todos; tudo recai sempre sobre mim, e ninguém o percebe e nem sequer se dá ao trabalho de agradecer-me!"

O dom de si produz efeitos negativos quando não é escolhido ou assumido em clima de verdadeira liberdade, ou então quando tem a sua fonte em motivos que não são os do amor desinteressado. Damo-nos aos outros, mas forçados, nem sempre de maneira consciente: pelo receio de dizer que não ou de não sermos aceitados pelos outros, por uma dependência afetiva, por um dever voluntarista ou perfeccionista a que nos submetemos por orgulho, ou ainda movidos pelo sentimento de que temos uma dívida que pagar. Pode acontecer também que tenhamos uma tendência psicológica a julgar-nos obrigados a agradar permanentemente a toda a gente, quando não a assumir constantemente uma posição de salvadores da pátria. Há até generosidades aparentes que se alimentam de um fundo de cólera, da necessidade de dar uma lição aos outros. E ainda generosidades que são um cálculo, uma transação inconsciente:

eu me dou muito, mas é para receber em troca uma aprovação ou uma gratificação afetiva, para afirmar a minha identidade etc.

É preciso que ganhemos consciência de todas essas faltas de liberdade e de todas essas motivações imperfeitas, para delas nos libertarmos pouco a pouco. Só então o dom de si será fonte de uma verdadeira felicidade, porque será livre e desinteressado.

## O justo equilíbrio entre o dar e o receber

Outra condição, mais difícil de captar: para que o dom de nós mesmos seja fonte de alegria, devemos encontrar um equilíbrio justo entre o dar e o receber.

É verdade que, se nos damos sempre sem nunca receber, cedo ou tarde chegaremos às frustrações de que falamos acima: temos uma necessidade absoluta de gratificações, de encorajamentos, de momentos de prazer e de felicidade. Mas isso não significa que devamos cair numa busca ávida e ansiosa dessas gratificações: mil satisfações não fazem uma felicidade. Querer garantir a todo o custo o máximo de satisfações possíveis é a maneira mais segura de nos tornarmos infelizes.

Também não devemos adotar uma atitude de cálculo prudente: só darei na medida em que verificar que recebi ou vou receber suficientemente. Corremos então o risco de fechar-nos nos nossos medos e em precauções humanas, e de esquecer que se pode dar mais do que se tem, porque é frequente que no próprio ato de dar se venha a receber. É lançando as redes que as retiramos cheias de peixes, como na pesca relatada pelo Evangelho. Às vezes, é quando nos lançamos, solicitados por Deus, a um empreendimento que ultrapassa as nossas forças, que recebemos o acréscimo da graça necessária, de que não dispúnhamos antes.

É legítimo não desejar um dom de si que seja forçado e traga frustrações. Mas pode-se cair no excesso contrário. Não há revista que não nos diga atualmente: "Cuide de si próprio, procure o seu prazer, reserve tempo para si" etc. Há uma parte de verdade nessas recomendações: há pessoas que negligenciam as suas necessidades pessoais. Mas se as aplicamos unilateralmente, corremos o risco de fechar-nos na vida tacanha daquele que se protege de qualquer excesso, que mede cuidadosamente o seu tempo e o seu cansaço para não fazer demasiado, e acaba por não ter outro interesse que o do bem-estar pessoal.

Penso que o justo equilíbrio entre o dar e o receber não se encontra na busca exata da equivalência entre o que se dá aos outros e o que se recebe, de maneira a ter duas colunas iguais na contabilidade espiritual. Não consiste em avaliar se se tem o necessário antes de arriscar-se ao menor ato de generosidade. Pelo contrário, exprime-se por uma frase um pouco enigmática do Evangelho: *Quando deres esmola, que a tua mão esquerda não saiba o que faz a direita, para que a tua esmola permaneça em segredo; e teu Pai, que vê o que se passa em segredo, recompensar-te-á* (Mt 6, 3-4).

Esse é o paradoxo evangélico: o são equilíbrio entre o dar e o receber — entre a mão direita e a esquerda — está em não estabelecermos voluntariamente nenhuma equivalência, mas em deixá-la nas mãos do nosso Pai!

O sentido dessa passagem do Evangelho é para mim o seguinte: há evidentemente um nexo profundo e necessário entre o dar e o receber, mas não cabe ao homem controlá-lo ou programá-lo. É preciso deixar o cuidado de equilibrar as coisas nas mãos do Pai do céu, que sabe de que coisas precisamos. O que cabe ao homem é dar sem cuidar de saber se receberá ou não algo em troca.

Mas cabe também ao homem aprender a receber com simplicidade e liberdade, sem se perguntar se mereceu ou não o que recebeu, sem examinar se é digno ou não, e sem se preocupar de saber como poderá devolver ou compartilhar o que recebeu. Se posso exprimir-me assim, é preciso dar por dar, e receber por receber, sem inquietar-se com a correlação entre os dois atos, coisa que pertence a Deus porque procede do mistério inacessível e do paradoxo do amor.

Aprender a amar é aprender a dar gratuitamente e a receber gratuitamente, numa "santa ignorância" da relação entre as duas atitudes, ignorância que nos protege de todo o medo de errar e de todo o cálculo, e permite salvaguardar a lógica de gratuidade própria do amor.

Aprender a amar é também descobrir progressivamente que a atitude espiritual mais fundamental —

e paradoxalmente a mais difícil — é a disponibilidade para receber. A mais fundamental, porque foi Deus que nos amou primeiro. A mais difícil, porque exige muita confiança e muita humildade. Dizia antes que só se pode ser feliz dando gratuitamente, mas devo acrescentar outra coisa igualmente importante: não se pode dar gratuitamente se não se aprendeu a receber gratuitamente, a deixar-se amar gratuitamente no meio da fraqueza e da pobreza.

A minha conclusão será, pois, a que se segue. A atitude justa no que diz respeito ao dar e ao receber é a de praticar para com Deus e para com os outros uma generosidade sem limites a priori e sem cálculo, mas vigiando ao mesmo tempo para que a nossa vida se caracterize pelo que eu chamaria um fundo de receptividade — uma receptividade que nos leve a acolher sempre a ação de Deus, a confiar no seu amor, a estar disponíveis aos seus dons, abertos à sua obra de pacificação interior e de renovação das nossas forças. Aqui está um dos segredos da vida espiritual. Uma vida não pode ser uma vida que se dá se não for, mais profundamente, uma vida que se recebeu.

Trata-se, pois, de adotar uma atitude cada vez mais receptiva em face da existência: uma atitude filial como a de Jesus, que se dava às multidões durante o dia e, à noite, recebia do seu Pai na oração. Oxalá não sejamos pessoas que planejam e controlam a sua vida, mas crianças que, dia após dia, recebem todas as coisas das mãos do Pai dos céus — dAquele que alimenta as aves do céu e veste a erva dos campos —, numa atitude de simplicidade, de abandono, de confiança filial e de gratidão. É preciso, sem dúvida, que assumamos a nossa vida de um modo ativo e responsável, mas conservando no coração esse alicerce que é a atitude filial.

Toda a vida espiritual consiste na aprendizagem da filiação, por outras palavras, na aprendizagem da receptividade. A verdadeira causa dos nossos esgotamentos deve ser procurada na falta de receptividade interior. Mesmo no meio das atividades mais absorventes, é preciso conservar sempre, como atitude de fundo, essa receptividade espiritual. Aprendemo-la pouco a pouco, numa evolução que jamais termina. Não é outra coisa senão a pobreza de espírito de que nos falam as Bem-aventuranças (Mt 5, 1).

Essa atitude exprime-se num certo número de disposições como as que vimos atrás, especialmente no final do quarto capítulo: a oração contínua, a gratidão, a aceitação de tudo o que acontece, a flexibilidade e o desprendimento, a capacidade de viver o momento presente. As mais necessárias são a confiança — a atitude de abertura por excelência — e a humildade. O orgulhoso é incapaz de receber: pretende obter tudo por si mesmo. Receber é, em certo sentido, aceitar uma posição de inferioridade, coisa que o orgulho não suporta. O humilde, pelo contrário, sabe situar-se na atitude de quem recebe.

É preciso dar, mas encontrando a fonte em Deus, e não em nós mesmos. O nosso defeito é que queremos dar, mas com muita frequência segundo as nossas ideias, os nossos critérios, a nossa sabedoria, e com as nossas próprias forças. E assim fechamo-nos ao dom de Deus e logo nos cansamos no dom de nós mesmos. Colocamo-nos à margem da promessa da Escritura:

> Os adolescentes cansam-se e esgotam-se, os jovens cambaleiam, mas aqueles que contam com o Senhor renovam as suas forças, deitam asas como as águias, correm sem se cansarem, caminham sem se fatigarem (Is 40, 30-31).

## A obediência

Passemos agora a um ponto que diz respeito à relação com o outro, ou seja, ao valor da obediência. É um ponto complexo e muito mal compreendido pela mentalidade moderna. Não quero tratar dele em detalhe, mas limitar-me a alguns comentários.

No terreno da vida eclesial e da vida religiosa, houve uma grande evolução no conceito e na prática da obediência. Fala-se mais de diálogo, de respeito pelas pessoas, de colegialidade etc. Já não se aceita o que em tempos passados se dizia sobre a obediência cega, e é provavelmente uma boa coisa.

Mas atualmente o risco é cairmos no excesso contrário. Toda a submissão é considerada por definição como alienante e desonrosa, um atentado aos direitos da pessoa. Pelo critério com que hoje se definem as seitas na França, os mosteiros de carmelitas e de be-

## OBEDIÊNCIA AOS HOMENS E AO ESPÍRITO SANTO

neditinos correm o risco de ser condenados! Dizer que nos submetemos a um superior soa a uma das coisas mais vergonhosas que se podem confessar na sociedade dos nossos dias. É um pecado mortal contra o dogma — proclamado por toda a parte — de que o indivíduo só pode realizar-se reivindicando uma autonomia absoluta. No mundo do trabalho ou no que se refere às regras de trânsito, ainda se aceita uma certa submissão à autoridade, mas no domínio espiritual ou eclesial, converteu-se numa abominação!

No entanto, uma coisa é certa: as indicações provenientes de uma autoridade legitimamente instituída pela Igreja devem ser consideradas habitualmente como verdadeira manifestação de uma chamada de Deus, mesmo que não coincidam com as nossas ideias pessoais. Pude verificá-lo muitas vezes ao longo da minha vida. A obediência eclesial ou religiosa é uma bússola que pode guiar-nos de um modo seguro e fecundo, sempre que vivida no amor e na fé, ainda que os superiores tenham as suas limitações e cometam erros. Pode ser libertadora, porque evita que nos fechemos nos nossos projetos, aspirações e gostos pessoais. É um selo de autenticidade aposto à nossa vida, porque é a garantia concreta de que esta já não nos pertence, de que a pusemos realmente nas mãos de Deus. E proclama uma verdade fundamental: a de que a verdadeira liberdade é a que encontramos em Cristo.

É neste último ponto que — embora num contexto muito diferente do da obediência religiosa — encontramos o motivo pelo qual, em várias da suas cartas, São Paulo aconselha os escravos cristãos a submeter-se aos seus senhores. Um conselho dificilmente compreensível nos dias de hoje, que no entanto se revelou profético e realista ao mesmo tempo. Realista, porque pregar a insubordinação no contexto do Império Romano significava arriscar-se a provocar uma terrível repressão como a que se seguiu à rebelião de Espártaco (73-71 a.C.), em que seis mil escravos foram crucificados ao longo da Via Ápia entre Roma e Cápua. Profético, porque o mais urgente não era promover reformas sociais (que viriam por si próprias), mas dar testemunho de que a verdadeira dignidade e a verdadeira liberdade do indivíduo não são as que procedem do status social, mas as que se encontram em Cristo. Paulo teve tanta audácia e tão grande confiança nos escravos cristãos que lhes pediu esta loucura: obedecerem aos seus senhores de bom grado, *como a Cristo* (cfr. Ef 6, 5-9), para darem testemunho de que já pouco importava ser escravo ou livre; o que importava era a vida nova — a liberdade de amar — que se encontra em Cristo. Essa opção teve certamente um forte impacto entre os senhores romanos.

Voltando à obediência no seio da Igreja, poderíamos falar extensamente sobre as condições em que é legítima e aquelas em que é alienante. Como também sobre os abusos que se podem cometer no exercício da autoridade e sobre as ambiguidades psicológicas na prática da obediência. São considerações necessárias, mas não pretendo abordá-las aqui.

Quereria simplesmente recordar que a recusa a submeter-se a toda a autoridade humana não é em caso nenhum caminho de maturidade e de liberdade, pois é frequente que seja através das solicitações de outro — mesma das inesperadas e das que transtornam os nossos planos — que nos cheguem propostas e horizontes de vida e de fecundidade. Proteger-se permanentemente dos pedidos e indicações de outro conduz, pelo contrário, à esterilidade.

## Os desejos do Espírito

Um canal extraordinariamente importante por meio do qual Deus nos dirige as suas chamadas são as inspirações e os desejos que o Espírito Santo suscita no nosso coração. Não tratarei disto muito extensamente porque já foi objeto de uma obra que escrevi[2]. É, no entanto, um aspecto essencial da vida espiritual. É importante que nos deixemos guiar não somente pelas sugestões da Palavra de Deus ou pela interpelação que os acontecimentos nos dirigem, mas também pelo reconhecimento e aceitação das chamadas que nascem na profundidade do coração e procedem do Espírito Santo. Podem referir-se a atos muito humildes ou a grandes decisões, mas é sempre extremamente fecundo corresponder a elas.

Constituiria uma grave lacuna falar das chamadas de Deus sem evocar a realidade das moções do Espí-

---

2     Jacques Philippe, *À l'École de l'Esprit Saint*, EDB, 1995.

rito. Sem estas, essas chamadas ficariam num plano demasiado externo a nós mesmos e não permitiriam que a nossa identidade e a nossa missão se desenvolvessem no que têm de único. Santa Faustina Kowalska[3], canonizada por João Paulo II em abril de 2000, afirma que a via mais curta para a santidade é a fidelidade às inspirações do Espírito Santo[4].

Sublinhemos também que não se deve considerar a Palavra, os acontecimentos e as moções interiores como três canais independentes e que Deus, para nos chamar, escolheria um ou outro conforme as ocasiões. Em toda a chamada intervêm necessariamente os três aspectos, embora algum deles possa ter mais destaque. As moções do Espírito Santo estão, pois, em estreita ligação com os meios que mencionamos anteriormente.

Por um lado, é frequente que os desejos e movimentos interiores do Espírito sejam despertados ou alimentados pela Palavra de Deus. A prática da *lectio divina*, e a experiência do modo como a Escritura nos afeta e nos solicita, é uma excelente pedagogia para que estejamos atentos aos diversos movimentos e impressões que se podem produzir no mais profundo da alma sob a ação de Deus.

Por outro lado, são as moções interiores que nos permitem muitas vezes perceber a chamada contida

---

3   Religiosa polonesa (1905-1938), canonizada no domingo depois da Páscoa do ano 2000. Recebeu muitas luzes do Senhor sobre a misericórdia divina e sugeriu que nesse domingo se celebrasse a festa da misericórdia.

4   *Petit journal de Sor Faustine*, Éditions Jules Hovine, p. 142.

num ou noutro acontecimento que enfrentamos. Muitas vezes, o Espírito Santo dá-nos a saber intimamente o que convém fazer numa determinada circunstância. É Ele também quem nos induz interiormente a obedecer com confiança a um pedido exterior de que Deus queira servir-se para nos guiar.

Infelizmente, ignoramos ou repelimos com demasiada frequência esses desejos do Espírito Santo. Por muitas razões: porque a nossa vida de oração não é bastante profunda; porque não desenvolvemos a capacidade de escuta interior[5]; porque fugimos do silêncio e vivemos demasiado de exterioridades, no barulho e na agitação, centrados nas coisas e atividades do mundo, sem prestar atenção ao que se passa na nossa alma. Outra razão é que nos vemos dominados por muitos temores e muitos apegos que nos tornam indisponíveis e nos impedem de acolher as inspirações da graça. Privamo-nos assim — ai de nós! — de uma fonte interior de vitalidade e de fecundidade que poderia dilatar e irrigar o nosso coração. Deixamos de lado a promessa da Sagrada Escritura: *O Senhor será sempre o teu pastor, e no deserto saciará a tua alma e dará vigor aos teus ossos. Serás como um jardim bem regado, como uma fonte de águas que não se esgotam* (Is 58, 11).

Não digo mais sobre a importância destas moções, sobre a maneira de discerni-las e acolhê-las, reme-

---

5    "Escutar é, em primeiro lugar, fazer silêncio à nossa volta e em nós, para podermos estar atentos ao que nos é solicitado". Jean-Louis Chrétien, *L'appel et la réponse*, Éditions du Minuit, 1992, p. 32.

tendo para a minha obra antes citada e para as que tratam destas questões[6]. Limito-me a tecer alguns comentários.

## Desejo do homem e vontade de Deus

A ação própria do Espírito é educar o desejo.

Numa certa tradição cristã, contrapôs-se demasiado o desejo de Deus e o querer do homem, como se pudessem ser incompatíveis. Mas, se os vemos em profundidade, estão chamados a unir-se. Felizmente! O homem tem sede de felicidade, mas a sua vocação, a sua chamada é também a felicidade. Há uma coincidência entre a chamada de Deus e o desejo mais íntimo do coração do homem. Deus convida-nos à doação de nós mesmos por amor, mas isso corresponde também ao desejo secreto que palpita em nós:

> A inclinação para dar está inscrita nas profundezas íntimas do coração humano: todas as pessoas sentem o desejo de relacionar-se com os outros, e realizam-se plenamente quando se dão livremente aos outros[7].

A vida espiritual seria inviável e mortífera se esse desejo tivesse que ser negado e repelido. O caminho espiritual não é uma negação, mas uma educação do desejo. Trata-se de aprender progressivamente a deixar de lado os desejos superficiais — os que não são ver-

---

6    Sobre este tema, veja-se também Alexis Riaud, *A ação do Espírito Santo na alma*, Quadrante, São Paulo, 1998 (N. do E.).

7    João Paulo II. Mensagem da Quaresma 2003.

dadeiramente nossos, mas gerados por um psiquismo ferido, os que o mimetismo da moda ou o querer alheio nos impõem — para deixar aflorar o desejo mais profundo, aquele que nasce do coração, que é a expressão da nossa personalidade mais autêntica, da nossa missão, e que é portador da chamada que Deus nos dirige.

Chamada de Deus e desejo do homem estão destinados a coincidir, e o trabalho próprio do Espírito Santo é fazê-los abraçar-se, quer despertando o desejo do coração, levando-nos a desejar o que Deus quer dar-nos, ou expurgando os desejos superficiais. Inscreve a lei de Deus no nosso coração, segundo a promessa da Nova Aliança feita a Jeremias:

> *Hão de vir dias — oráculo do Senhor — em que firmarei uma nova aliança com a casa de Israel e a casa de Judá. Não será como a aliança que concluí com os seus pais no dia em que os tomei pela mão para os fazer sair do Egito, aliança que violaram embora eu os tivesse desposado.*
>
> *Eis a aliança que farei com a casa de Israel, oráculo do Senhor!: Porei a minha lei no íntimo do seu ser e escrevê-la-ei em seus corações. Serei o seu Deus e eles serão o meu povo. Ninguém terá de instruir o seu próximo ou irmão, dizendo: "Conhecei o Senhor!", porque todos me conhecerão, grandes e pequenos — oráculo do Senhor —, pois a todos perdoarei as maldades e não me lembrarei mais dos seus pecados (Jr 31, 31-34).*

No regime da Nova Aliança, o cumprimento da vontade divina, a fidelidade às suas chamadas já não é uma coação que se impõe do exterior, mas um impulso que brota do fundo do coração, em plena liberdade, porque é a expressão do desejo mais profundo.

Não obstante, devemos ser realistas e compreender que esta educação do desejo é um trabalho longo e difícil, que exige lutas e renúncias, já que estamos marcados pela ferida do pecado, e o pecado — poderíamos dizer — desorientou e quebrou em mil pedaços o nosso desejo[8].

---

8 Estas considerações são importantes para o trabalho de discernimento. Veja-se, por exemplo, André Louf, *La grace peut d'avantage*, cap. 9, DDB. No trabalho de discernir uma vocação, uma chamada que não possa ser correspondida com plena liberdade, que não coincida com o desejo mais profundo do coração, não pode vir de Deus.

# CONCLUSÃO

## O Deus de toda a beleza

Gostaria de propor agora algumas reflexões sobre a chamada e a beleza[1]. Ambas as palavras são parecidas em grego: *kalós* quer dizer belo e *Kalein* chamar[2]. Há uma harmonia profunda entre o que dissemos a propósito de Deus que chama e o mistério da beleza. Dionísio o Aeropagita tem esta frase: "Deus chama (*kaloun*) todas as coisas a si e por isso se diz que é *kalós* (beleza)[3]. A beleza que toca o coração do homem é uma analogia sugestiva para evocar Deus que chama.

A beleza chama. Não deixa ninguém indiferente, desperta um desejo. "Deus chama a si todas as coisas, tal como o desejável chama a si o desejo"[4]. Na medida em que provoca admiração, convida também a uma escuta. E é convite a uma resposta: a admirar, louvar e, em troca, amar a beleza que, ao manifestar-se, nos solicita. Essa resposta é-nos dada: se respondemos à chamada da beleza, não é por nós mesmos. O movimento que nos leva a ela e nos faz dar-lhe graças não

---

1   Estas reflexões estão inspiradas no livro de filosofia de Jean-Louis Chrétien, *L'appel et la reponse*, Ed. Minuit, 1992.

2   Hoje é preciso redescobrir Deus como a beleza, como fizeram tantos santos e místicos no passado. A renovação da arte cristã é uma necessidade vital.

3   Dionísio, *De divinis nominibus*, IV, 7. Cit. por Jean-Louis Chrétien, *op. cit.*

4   Ulrich de Estrasburgo, teólogo do século XIII. Citado em *op. cit*, p. 27.

procede de nós, mas dela, e nós só podemos consentir nela (ou resistir-lhe...). Não somos nós que fabricamos o amor que a beleza provoca em nós, mesmo nos casos em que nos toca e comove por vir ao encontro de uma expectativa da nossa parte.

Em toda a verdadeira beleza, como em Deus, há também pureza, desinteresse e generosidade. Uma coisa bela não o é para si mesma, mas para os que a contemplam e nela se rejubilam. Não há nada pior que uma beleza narcisista. A beleza é generosidade oferecida à alegria de um outro.

Compreendemos também que essa chamada é sempre infinitamente mais rica que qualquer resposta, e que nenhuma resposta pode esgotá-la nem corresponder-lhe plenamente. Não podemos estabelecer um limite à chamada ao amor que a Beleza essencial nos dirige. O que a chamada da beleza nos pede — uma chamada que é também chamada da verdade e do bem[5] — não se reduz a uns atos particulares que poderíamos enumerar numa lista exaustiva: é, em última análise, a doação total da nossa pessoa. Por isso, se a chamada é infinitamente generosa, também é capaz de despertar na pessoa disponível uma generosidade sem limites, o dom total de si mesma: a medida do amor a Deus é amá-lo sem medida.

Na resposta a essa chamada ao amor, perdemo-nos e ao mesmo tempo nos encontramos:

---

5    Deus é simultaneamente a beleza, a verdade e o bem. Damos aqui prioridade à beleza porque talvez a verdade e o bem nos atraiam por serem belos.

CONCLUSÃO

> A chamada que a beleza nos lança chama-nos também a nós mesmos, para que nos tornemos verdadeiramente nós mesmos. Ao destinar-nos a ela. destina-nos à promessa contida no nosso ser[6].

Possa cada um de nós enamorar-se da beleza de Deus, perder-se nela para encontrar-se!

## Chamei-te pelo teu nome

Tudo o que vimos acerca das chamadas de Deus — do seu sentido, dos meios de que se serve, da sua finalidade — tem a sua origem profunda, a sua síntese última e a sua realização plena no mistério de Cristo, *o mais belo dos filhos dos homens* (Sl 45, 3).

Não há na realidade senão uma única palavra de chamada: aquela que o Pai nos dirige por meio do seu Filho. Como diz São João da Cruz, o Pai só tem uma palavra a dizer-nos: é o seu Filho[7]. Ele é o Verbo e resume na sua pessoa tudo o que o Pai deseja dizer-nos. É o maior dom de Deus à humanidade — *Se conhecesses o dom de Deus e quem te diz "Dá-me de beber"*, diz Jesus à samaritana em Jo 4, 10 —, e simultaneamente a chamada mais premente que jamais lhe foi dirigida: *Eu vos conjuro por tudo o que pode haver de premente em Cristo...*, diz São Paulo aos Filipenses (2, 1).

Cristo recapitula em si tudo o que foi dito na criação, tudo o que foi comunicado na história de Israel. Na sua

---

6    Jean-Louis Chrétien, *op.cit.*, p. 23.

7    São João da Cruz: "Ao dar-nos como nos deu o seu Filho, que é uma palavra sua e não tem outra, Deus disse-nos tudo de uma só vez nessa única Palavra, e não tem mais nada a dizer-nos" (*Subida do Monte Carmelo*, livro II, cap. 22).

CHAMADOS A VIVER

Encarnação e na sua Páscoa, Ele é a palavra definitiva à qual nada poderá ser acrescentado, aquela que nos diz tudo sobre Deus e tudo sobre o homem. Palavra única, mas de uma riqueza inesgotável. É ainda São João da Cruz quem, ao falar-nos dos mistérios de Cristo, os compara a cavernas, a minas que se podem explorar sem fim para encontrar nelas inumeráveis tesouros:

> Por mais mistérios e maravilhas que os santos doutores tenham descoberto e as santas almas entendido no seu estado de vida, ficou-lhes muito mais por dizer e mesmo por entender, e muito mais por aprofundar em Cristo. Porque é como uma mina abundante com muitos filões de tesouros que, por mais que escavem, nunca lhes acham fim nem termo, antes vão encontrando em cada veio novos filões de novas riquezas aqui e acolá. Foi por isso que São Paulo disse, falando de Cristo: *Nele estão escondidos todos os tesouros da sabedoria e da ciência* (Cl 2, 3)[8].

Efetivamente, as diversas chamadas que Deus nos dirige, desde o começo até o fim da existência, procedem todas de uma única chamada: a de acolhermos o mistério de Cristo e nos deixarmos iluminar e transformar por Ele.

A primeira chamada que mencionamos — a chamada da criação, a chamada para a vida — é já misteriosamente uma chamada em Cristo. Tudo foi criado nEle, por Ele e para Ele, segundo as palavras de São Paulo na Epístola aos Colossenses:

---

8   São João da Cruz, *Cântico espiritual* B, estrofe 37.

144

## CONCLUSÃO

*Ele é a imagem do Deus invisível, o primogênito de toda a criatura, porque nEle foram criadas todas as coisas, nos céus e na terra, as visíveis e as invisíveis, quer sejam os Tronos ou as Dominações, os Principados e as Potestades: tudo foi criado por Ele e para Ele. Ele existe antes de todas as coisas e tudo subsiste nEle* (Cl 1, 15-17).

A chamada da criação é uma chamada para que sejamos plenamente homens, plenamente mulheres. Essa chamada só se pode cumprir totalmente em Cristo: só Ele é a pessoa plenamente realizada, aquela que corresponde integralmente ao projeto de Deus. O Concílio Vaticano II diz-nos: "Quem segue Cristo, Homem perfeito, torna-se ele mesmo mais homem"[9].

A chamada batismal é também, mas muito mais clara e explicitamente, uma chamada em Cristo. Pelo batismo, recebemos um dom novo, uma vida nova, a vida divina, e recebemos uma chamada nova, a de nos decidirmos pessoalmente a seguir Cristo, a imitá-lo, a deixar-nos configurar por Ele, a transformar-nos nEle.

Todas as diferentes vocações no seio da Igreja — para o matrimônio, para o sacerdócio, para a vida consagrada etc. — se enxertam na graça batismal e são também chamadas em Cristo, chamadas para que exprimamos e vivamos uma faceta do seu mistério: o Cristo Esposo, o Cristo Sacerdote, "o Cristo entregue à contemplação no monte, ou anunciando o reino de Deus às multidões, ou ainda curando os doentes e os que sofrem e convertendo os pecadores ao bom caminho, ou abençoando as

---

9    *Gaudium et Spes*, 41, 1.

criança e fazendo o bem a todos, mas sempre obediente à vontade do Pai que o enviou"[10].

Todas as chamadas e todas as intervenções de Deus na nossa vida pelos diversos meios que vimos não têm outra finalidade senão conduzir e levar a cabo esta identificação com Cristo, sentido último da existência humana. Toda a chamada é uma chamada ao amor, dissemos, mas não se pode aprender a amar senão na escola de Cristo. *Aprendei de mim* — entrai na minha escola —, *que sou manso e humilde de coração* (Mt 11, 29). Só se pode ser capaz de amar verdadeiramente deixando-se progressivamente configurar com Ele pelo Espírito Santo. *Tende em vós os mesmos sentimentos que teve Cristo Jesus*, diz São Paulo (Fl 2, 5).

Só nEle encontramos também a nossa verdadeira identidade. O termo *chamar* tem um duplo significado: significa nomear, designar e, ao mesmo tempo, interpelar, convidar. Estes dois significados reúnem-se no mistério de Cristo. Deixando-nos chamar por Cristo, correspondendo ao seu convite para que nos convertamos e o sigamos, encontramos a nossa verdadeira identidade e recebemos o nome novo que nos designa realmente na nossa identidade e na nossa missão.

> *Quem tiver ouvidos ouça o que diz o Espírito às Igrejas. Ao vencedor, dar-lhe-ei o maná escondido, como também uma pedra branca na qual estará escrito um nome novo que ninguém conhece a não ser aquele que o recebe* (Ap 2, 17).

---

10 Expressões utilizadas pelo Concílio Vaticano II a propósito da vida religiosa, *Lumen Gentium*, n. 46.

## CONCLUSÃO

Nome novo que não é a negação ou a abolição do nome antigo — esse nome pelo qual Deus nos tira do nada para nos chamar à existência —, mas um nome que livra o nome primitivo dos seus desfalecimentos, dos seus possíveis enclausuramentos, e que revela o seu sentido e o explicita e cumpre em plenitude.

ANEXO

# CONSELHOS PRÁTICOS PARA A *LECTIO DIVINA*

> "A Escritura não está tão fechada
> que se converta em desalentadora,
> nem é tão acessível que chegue a ser banal.
> Quanto mais a lemos, menos cansa;
>
> quanto mais a meditamos, mais a amamos"[1].

Vimos atrás como é essencial deixarmos ressoar no nosso coração a Palavra de Deus. Isso se faz em primeiro lugar, como é evidente, na assembleia litúrgica, quando a Sagrada Escritura é proclamada e comentada na igreja. Mas é também necessário que cada um de nós saiba reservar alguns momentos pessoais para se pôr à escuta da Palavra de Deus e deixar-se "interpelar, orientar e moldar" por ela, segundo a expressão de João Paulo II já citada. Com esta finalidade, ofereço algumas sugestões, que devem ser postas em prática com muita liberdade e flexibilidade, de modo a que cada qual descubra a sua própria maneira de integrar a leitura da Sagrada Escritura na sua vida.

---

1 São Gregório Magno, *Moralia in Job*, XX, 1,1. Citado na alocução de João Paulo II na audiência de 20 de outubro de 1997, no dia seguinte ao da proclamação de Santa Teresa de Lisieux como Doutora da Igreja.

CHAMADOS A VIVER

Esclareçamos em primeiro lugar o que a *lectio divina* não é: não é uma leitura continuada da Bíblia, feita com a intenção de percorrê-la do começo ao fim, lendo alguns capítulos por dia, como às vezes se faz.

Também não é um tempo de estudo bíblico, apoiado nas ciências exegéticas. Para os que têm essa possibilidade, é evidentemente muito proveitoso estudar a Bíblia valendo-se dos diversos meios que estão hoje ao nosso alcance: cursos, estudo das línguas bíblicas, utilização dos diferentes meios (dicionários, concordâncias, comentários) e métodos para abordar e interpretar o texto (história, arqueologia, semiótica...).

Mas a *lectio divina*, sem estar em oposição com nada disso, é outra coisa: é a leitura meditada da Sagrada Escritura, feita com simplicidade e em clima de fé e oração, para nos abrirmos ao que o Senhor nos quer dizer hoje por meio da sua Palavra, de modo a nos deixarmos iluminar e transformar por ela. Neste caso, o decisivo não é a competência científica, mas a atitude do coração: a sede de Deus, a confiança em que Ele quer falar-nos e um grande desejo de conversão. Penso que este é o grande segredo da *lectio* e um segredo muito simples: essa leitura será tanto mais fecunda quanto maior for o nosso desejo de conversão.

Muitas pessoas simples e ignorantes receberam por meio da Sagrada Escritura luzes muito grandes e poderosos estímulos porque confiavam em que iam encontrar nela a palavra viva de Deus. São inúmeros os exemplos na história da Igreja. Já falamos a este propósito de

## CONSELHOS PRÁTICOS PARA A *LECTIO DIVINA*

Santa Teresa de Lisieux, que, no entanto, nunca teve à sua disposição uma Bíblia completa.

Uma das consequências disto é que muitos dos conselhos que se podem dar para a vida de oração se aplicam também à *lectio divina*: a importância da perseverança, a aceitação dos períodos de aridez, o papel fundamental da fé e da esperança etc. Com efeito, de todos os métodos de oração[2], a *lectio divina* é o mais antigo, o mais universal nas diferentes tradições eclesiais e, sem dúvida, o mais aconselhável. Praticada como a vamos descrever, é a melhor porta de entrada para a vida de oração. Sobre estas bases, eis alguns conselhos.

## Os tempos e os momentos

Na medida do possível, é bom reservar todos os dias um tempo para a meditação da Palavra. Se todos os dias encontramos um tempo para nos alimentarmos, sejam quais forem as nossas urgências, por que não havemos de ter a mesma determinação quando se trata da nossa alma?

O melhor momento, sempre que seja possível, é de manhã. A cabeça está mais lúcida e mais bem disposta, geralmente menos carregada de preocupações do que no fim do dia. Não nos diz o versículo 14 do salmo 90: *Cumulai-nos desde a manhã com as vossas misericórdias*

---

2 Entendo aqui a palavra oração no sentido que tomou na tradição ocidental a partir do século XVI: oração pessoal, praticada regularmente durante um tempo diário fixo, com a finalidade de nos fazer entrar em comunhão com Deus e unir-nos a Ele. Veja-se a minha obra *Tempo para Deus, guia para a vida de oração*.

*para exultarmos de alegria em toda a nossa vida*? O livro de Isaías diz também (na tradução litúrgica): *Cada manhã Ele desperta os meus ouvidos para que escute como discípulo* (Is 50, 4).

Outra vantagem: dedicar à *lectio divina* um tempo da manhã demonstra que a coisa mais urgente na nossa vida é pôr-nos à escuta de Deus. Feita logo de manhã, permite-nos também conservar mais facilmente essa atitude de escuta ao longo do dia e, portanto, captar as chamadas que Deus nos dirige.

Mas não se deve tomar ao pé da letra este conselho. Se não se dispõe desse tempo matinal, quaisquer outros momentos do dia são bons, porque Deus fala em qualquer momento a quem tem sede dEle.

Quanto à duração, penso que o mínimo deve ser um quarto de hora. Se possível pode-se chegar à meia-hora.

## Que texto meditar?

As possibilidades são muitas. Pode-se meditar um texto em sequência (um dos quatro Evangelhos, uma Epístola de São Paulo ou qualquer outro texto da Bíblia), dia após dia. Conheço um pai de família que passou cerca de três anos meditando pela manhã o Evangelho de São João.

Mas o conselho que dou aos principiantes nesta matéria é que se sirvam dos textos que a Igreja propõe para a missa do dia. Tem a vantagem de pôr-nos em sintonia com a vida da Igreja universal e com os tempos litúrgicos, e de preparar-nos para a Eucaristia, se participamos dela. Além disso, desse modo dispomos de três textos bem selecionados e diferentes (a primeira leitura, o salmo responsorial e o Evangelho), o que oferece menos risco de cairmos em passagens demasiado áridas ou difíceis de interpretar. É também uma boa ocasião para entrevermos a profunda unidade da Escritura. Causa uma grande alegria verificar como textos muito diferentes entre si pelo estilo, pela época em que foram redigidos e pelo conteúdo revelam harmonias novas e se iluminam mutuamente[3].

Quando interpretam os textos da Sagrada Escritura, os sábios da tradição rabínica gostam de realçar a riqueza do seu sentido "entrançando colares", cujas pérolas são versículos tomados de diversas partes da Escritura: a Torá, os Profetas e os Escritos (Salmos e escritos sapienciais). O mesmo fará Jesus com os seus discípulos após a Ressurreição, como mostra o Evangelho de São Lucas (Lc 24, 27 e 24, 44). E continuarão a fazê-lo os Padres da Igreja e os comentaristas espirituais até os nossos dias.

## Como proceder concretamente?

Como já sublinhamos, a fecundidade da *lectio divina* depende das atitudes interiores e não da eficácia dos

---

3     Tenhamos presente que, como diz o Concílio Vaticano II (Const. *Dei Verbum*, 15 e segs.), "a economia do Antigo Testamento estava ordenada principalmente para preparar a vinda de Cristo, redentor universal, e o seu reino messiânico [...] Deus, que é o inspirador e autor dos livros de ambos os Testamentos, dispôs as coisas sabiamente, de tal modo que o Novo estivesse latente no Antigo e o Antigo se tornasse claro no Novo" (N. do E.).

CHAMADOS A VIVER

métodos. É, pois, importante não lançar-se imediatamente sobre o texto, mas dedicar um pouco de tempo a avivar as convenientes disposições de oração, de fé e de desejo. Eis as etapas que podemos sugerir:

1. Tal como de cada vez que se trata de fazer oração, é preciso começar por recolher-se, deixar de lado os problemas e as preocupações e pôr-se na presença de Deus: a única coisa necessária, como para Maria de Betânia, é sentar-se aos pés do Senhor a fim de escutar a sua palavra (cfr. Lc 10, 38-42). Para isso, é necessário situar-se no momento presente.

Nesse sentido, pode ser oportuno aproveitar os recursos do corpo e das sensações. O corpo tem o seu peso e as suas limitações, mas oferece uma vantagem em relação ao pensamento, que é a de estar no presente, ao passo que o pensamento divaga muitas vezes entre as recordações do passado e os projetos do futuro. Por isso, embora possa parecer estranho, costuma ser necessário, antes de começar a leitura, fechar os olhos, relaxar o corpo... O primeiro contato com a palavra deve ser um contato físico. O tato é já uma escuta. Não diz São João: *O que as nossas mãos apalparam acerca do Verbo da vida...?* (1 Jo 1, 1).

2. Uma vez que nos sintamos bem relaxados, em contato com o nosso corpo e situados no momento presente, é preciso que orientemos o nosso coração

CONSELHOS PRÁTICOS PARA A *LECTIO DIVINA*

para Deus, a fim de agradecer-lhe antecipadamente esse momento em que vai unir-se a nós por meio da sua Palavra e pedir-lhe luzes para compreendê-la: que nos conceda *a compreensão das Escrituras* (Lc 24, 44), como aos seus discípulos. Sobretudo pediremos que essa palavra possa penetrar-nos em profundidade, converter o nosso coração, denunciar os nossos compromissos com o pecado, iluminar-nos e transformar-nos onde for necessário para estarmos mais de acordo com o projeto divino sobre a nossa vida. Devemos estimular o nosso desejo e a nossa vontade neste sentido.

3. Logo que estivermos com essa boa disposição — não hesitemos em demorar o tempo que for necessário, porque é essencial! —, podemos abrir os olhos e começar a leitura do texto que escolhemos. Devemos ler atentamente, aplicando a nossa inteligência e o nosso coração ao que lemos, e meditando-o. Mas tendo presente que "meditar", na tradição bíblica[4], não significa tanto refletir como murmurar, repetir, ruminar.

É a princípio uma atividade mais física que intelectual. Não devemos ter receio de repetir muitas vezes um versículo que nos prenda a atenção, porque é frequente que seja à base de lhe dar voltas que destila o seu sentido profundo, isto é, aquilo que Deus quer dizer-nos hoje e agora.

---

4    Veja-se o Salmo n. 1: *Feliz o homem que medita dia e noite na lei do Senhor*, Sl 1, 1-2.

CHAMADOS A VIVER

É evidente que a inteligência reflexiva também tem um papel a desempenhar: O que é que este texto me diz sobre Deus? O que é que me diz sobre mim mesmo? Que boa notícia contém? Que convite para a minha vida concreta posso descobrir nele? Se um versículo nos parece obscuro, podemos servir-nos de notas ou de alguma explicação, mas evitando transformar o tempo de leitura num tempo de estudo intelectual. Não devemos hesitar em deter-nos muito tempo num versículo que tenha para nós um sabor especial e, a partir do que nos faz sentir, entrar em diálogo com Deus.

A leitura deve converter-se em oração: é dar graças por um versículo que nos conforta e fortalece, é invocar o auxílio de Deus numa passagem que nos convida a uma conversão que sabemos difícil etc. Em certos momentos, se nos é concedida a graça, podemos deixar de ler e deter-nos numa atitude de oração mais contemplativa, que se reduz a uma simples admiração da beleza daquilo que Deus nos faz descobrir através do texto. Por exemplo, um versículo pode fazer-me experimentar profundamente a doçura de Deus, ou a sua majestade, a sua fidelidade, o esplendor do que Ele faz em Cristo, convidando-me muito simplesmente a contemplar e agradecer tudo.

O fim último da *lectio* não é ler quilômetros de texto, mas introduzir-nos o mais possível nessa atitude de contemplação maravilhada, que alimenta em profundidade a nossa fé, a nossa esperança e o nosso amor. Nem sempre o conseguimos, mas quando isso se verifica, é preciso saber interromper a leitura e contentar-se com uma simples presença amorosa no mistério que o texto nos descobre.

Do que acabamos de ver, podemos deduzir que há quatro etapas da *lectio divina* segundo a tradição da Idade Média: *lectio* (leitura), *meditatio* (meditação), *oratio* (oração) e *contemplatio* (contemplação). Não são etapas sucessivas que se devam percorrer obrigatoriamente por essa ordem, mas modalidades particulares que podemos viver. Tanto mais que, se as três primeiras procedem da atividade do homem, a quarta não está em nossas mãos: é um dom da graça que devemos desejar e acolher, mas que nem sempre nos é concedido. Aliás, como já dissemos, pode haver momentos de aridez, de secura, como em qualquer tempo de oração. Não é caso para desanimar, porque quem procura acaba por encontrar.

Outro conselho: ao longo da leitura, é bom anotar num caderno algumas palavras que nos toquem especialmente. Escrever ajuda a fazer com que a Palavra penetre mais profundamente na memória e no coração.

Uma vez terminado o tempo da *lectio*, é preciso dar graças a Deus por esses momentos passados com Ele, pedir-lhe a graça de podermos guardar a palavra no nosso coração, como fez a Virgem Maria, e decidir-nos a pôr em prática as luzes que recebemos.

Desejo terminar com uma bela passagem de Matta el-Maskin, monge egípcio contemporâneo, promotor de um magnífico renascimento espiritual no monaquismo copta:

A meditação não é apenas leitura vocal em profundidade; estende-se também à repetição silenciosa da Palavra, numerosas vezes, com uma intensidade que vá sempre crescendo até que o fogo divino abrase o coração. Ilustra-o bem o que diz Davi no salmo 39: *O meu coração abrasava-se dentro de mim, a minha meditação ateava-se como o fogo.* Aqui aparece o laço firme e secreto que une a prática e o esforço à graça e ao fogo divino. O simples ato de meditar várias vezes a Palavra de Deus, lentamente e com calma, culmina, mediante a misericórdia de Deus e a sua graça, em um abrasamento do coração. Assim, a meditação converte-se no primeiro elo normal entre o esforço sincero de oração e os dons de Deus e a sua graça inefável. É por isso que a meditação tem sido considerada como o primeiro e o mais importante dos degraus da oração do coração, a partir do qual o homem pode elevar-se ao fervor do espírito e viver nele em toda a sua vida[5].

---

5     Matta el-Maskin, *L'expérience de Dieu dans la vie de prière*, Cerf, p. 48.

*Direção geral*
Renata Ferlin Sugai

*Direção de aquisição*
Hugo Langone

*Produção editorial*
Sandro Gomes
Juliana Amato
Gabriela Haeitmann
Ronaldo Vasconcelos
Roberto Martins

*Capa*
Gabriela Haeitmann

*Diagramação*
Sérgio Ramalho

ESTE LIVRO ACABOU DE SE IMPRIMIR
A 25 DE **FEVEREIRO** DE 2025,
EM PAPEL PÓLEN BOLD 90 g/m$^2$.